Buenas noches, que duermas bien

Buenas noches, que duermas bien

De recién nacidos a niños de hasta cinco años

Soluciones gentiles y probadas para ayudar a tus hijos a dormir bien y despertar contentos

The Sleep Lady®
KIM WEST, LCSW-C

Editado por Maura Rhodes,
exeditora de la revista *Parenting*

PROSPECTA PRESS

Traducción: María Escola, consultora certificada de sueño infantil; Oliver Davidson

Publicado por Prospecta Press, un sello de Easton Studio Press
P.O. Box 3131
Westport, CT 06880
(203) 571-0781
www.prospectapress.com

Primera edición en español
Hecho en los Estados Unidos de América
Rústica ISBN: 978-1-63226-038-3
Libro electrónico ISBN: 978-1-63226-037-6

Visite a Kim West, The Sleep Lady en www.sleeplady.com

Índice

Introducción

Mi nombre es Kim West, soy una terapeuta certificada de niños y familia, y mamá de dos niñas. Mis clientes me conocen como "The Sleep Lady®". Durante los últimos diez años me he dedicado a ayudar a miles de padres cansados a encontrar soluciones para los problemas de sueño de sus hijos, desde bebés en edad para dormir toda la noche pero que aún no lo logran, hasta niños que se resisten a sus siestas y otros más grandes que no se quedan en sus camas (o se escurren a la de sus padres por la noche). Mi método, al cual llamaré el "Método Sleep Lady®", se basa en cambios por pasos en las horas de sueño, siestas y rutinas a mitad de la noche que no hayan funcionado para estas familias. Para los padres de bebés en particular, esta es una alternativa más amable que la de esperar a que los niños se cansen de llorar. En última instancia, los niños con los que trabajo desarrollan hábitos de sueño independientes y aprenden a dormir solos toda la noche, a sabiendas de que papá y mamá están cerca.

Lo que hace exitoso al Método Sleep Lady® es que no es una solución que se aplica de la misma forma a todas las familias. Cuando trabajo con una familia, tomo en cuenta sus valores, estilo de vida y filosofía de crianza para no sugerir algo que incomode a los padres. Hacerlo sería contraproducente (debo hacer énfasis en esto): un plan que no puedan seguir está destinado a fracasar.

Por otra parte, el Método Sleep Lady® no es una solución de la noche a la mañana. Esencialmente, le estás enseñando a tu hijo una nueva habilidad. Sé paciente y recuerda que aprender algo nuevo —ya sea caminar, manejar una cuchara, dejar los pañales o dormir toda la noche— lleva tiempo. Sin embargo, las familias con las que trabajo resuelven la mayoría de los problemas de sueño de sus hijos en dos semanas (situaciones como despertar temprano y las siestas pueden tomar un poco más de tiempo).

Cómo usar este libro

Para obtener los mejores resultados, te recomiendo que leas los primeros capítulos de este manual antes de crear tu plan (en la página 45), además del que corresponde a la edad de tu hijo de mi libro *Good Night, Sleep Tight*. Por favor, lee este manual de principio a fin antes de comenzar a ayudar a tu hijo a dormir mejor. Recuerda que el éxito que obtengas depende de la constancia, seguimiento y paciencia, al igual que del compromiso de parte de todas las personas que cuidan de tu pequeño, incluyendo tu pareja, los abuelos y la niñera.

¡Qué tengas muchas noches de dulces sueños!

Kim West,
trabajadora social clínica certificada, The Sleep Lady®

Aviso legal: la información y consejos presentados en este libro han sido revisados por un pediatra calificado. Sin embargo, no deben sustituir el consejo de tu médico familiar o algún otro profesional de la salud capacitado. Es aconsejable que consultes a un profesional de la salud en relación a todos los temas que requieran atención médica o diagnóstico para tus hijos. Consulta a un doctor antes de administrar o comenzar cualquier tratamiento, como puede ser enseñarle a tu bebé o niño a dormir mejor.

Buenas noches, que duermas bien

CAPÍTULO 1

Antes de comenzar

Creo firmemente que una comprensión sólida de los principios del sueño es la clave para que funcione un plan para ayudar a tu hijo a dormir mejor. Entiendo que quizás estés ansiosa por comenzar y que te tiente saltarte este capítulo, pero si no has leído *Good Night, Sleep Tight*, entonces este capítulo (y el próximo) son *esenciales para tu éxito*.

Incluso si ya leíste *Good Night, Sleep Tight*, puedes omitir esta parte y leer únicamente los capítulos sobre consistencia y sobre cómo evitar refuerzos intermitentes en las páginas 6 y 7. Dado que todos necesitamos escuchar las cosas al menos tres veces antes de *en verdad* entenderlas, y considerando que quizá estés demasiado cansada últimamente como para recordar algo, es esencial que tomes tiempo para refrescar tu memoria sobre estos importantes conceptos.

Información básica del sueño

- **Un horario regular es clave.** Ir a la cama en la noche y despertar cada mañana a la misma hora es vital para los niños. Esta consistencia mantiene su reloj biológico (es decir, el ritmo circadiano) en orden, lo que garantiza que obtengan un sueño de calidad. Incluso los adultos deberían tener una rutina regular para acostarse y despertar. **Está bien variar esta rutina los fines de semana, pero sólo por una hora.**

Si se pasa el horario natural de sueño de tu hijo —en otras palabras, su "ventana de sueño"—, su cuerpo comenzará a segregar hormonas, incluyendo cortisol, el cual actúa como una forma leve de adrenalina; esto puede hacer que esté demasiado tenso como para conciliar el sueño con facilidad (imagino que esto debe sentirse como estar exhausta y tratar de dormir después de haber tomado mucha cafeína). Eventualmente, después de que ambos hayan aguantado un largo rato de llanto, tu hijo *finalmente* se quedará dormido. "Por fin —pensarás— , al menos va a dormir hasta mañana". Suena lógico, pero es incorrecto. Al haber pasado su hora regular para irse a dormir, tu bebé de hecho *no* dormirá tan profundamente y es probable que despierte más temprano de lo normal. Esto puede hacer que las siestas del día siguiente sean cortas, que se interrumpa el sueño durante la noche, y lo peor: el comienzo de un círculo vicioso que será difícil romper.

- **La calidad de sueño es tan importante como la cantidad.** Además de la cantidad correcta de sueño (para ver los requisitos de sueño por edades, consulta el capítulo 2), un niño necesita:

  El tipo correcto de sueño. Continuo, sin interrupciones (excepto en el caso de recién nacidos que necesitan ser amamantados o tomar el biberón durante la noche), y sin movimiento: el movimiento, por ejemplo, de un columpio para bebés evita que el cerebro entre en sueño profundo, y por ello no es tan restaurativo.

  Dormir en el momento correcto. En otras palabras, la hora de ir a la cama, despertar y tomar siestas está en sintonía con los patrones naturales de sueño.

  Sueño ininterrumpido por causas médicas como asma, alergias, reflujo, apnea obstructiva del sueño u otros desórdenes físicos del sueño.

- **Los bebés deben aprender a dormirse solos: es una habilidad que se aprende.** Al poner a tu bebé en su cuna —somnoliento pero despierto— le darás la oportunidad de dormirse por cuenta propia. Si tienes dificultad para visualizar lo que significa "somnoliento pero despierto", imagina una escala del uno al diez en la que uno representa completamente despierto y diez representa profundamente dormido. La idea es que recuestes a tu bebé entre siete u ocho de la escala; debe estar abrigado, alimentado, cómodo y sin duda somnoliento pero suficientemente alerta para saber que está yendo a la cuna.

Cuando pones a tu bebé a dormir en el punto justo de la escala de somnolencia es probable que proteste. Esto es normal; no necesitas sacarlo de su cuna y comenzar de nuevo la rutina para ir a dormir. En vez de eso, quédate cerca y dale seguridad con palabras y contacto. De esta forma pronto aprenderá el paso entre estar somnoliento y dormirse sin protestar. Esto lo explicaré con más detalle en el capítulo 3.

Ten en cuenta que no quieres que tu bebé se quede dormido muy rápido. Si se duerme en menos de cinco minutos quiere decir que probablemente estaba tan somnoliento cuando lo acostaste que no se dio cuenta de que lo pasabas de tus brazos a su cuna. Sin esa posibilidad de darse cuenta, tu bebé no podrá aprender la "lección" de cómo dormirse solo. La próxima vez trata de poner a tu bebé cuando esté menos somnoliento.

A propósito, el concepto de "somnoliento pero despierto" se hace menos importante a medida que los niños crecen. Para los niños que empiezan a caminar y hasta el preescolar, tener una rutina relajante antes de ir a la cama, que incluya un tiempo de lectura y canciones, los prepara para dormir. Por supuesto, ¡asegúrate de no quedarte dormida con ellos durante esas lecturas de cuentos!

- **La capacidad de un niño para quedarse dormido por sí mismo es importante no sólo a la hora de irse a dormir, sino también cuando se despierta a mitad de la noche o durante una siesta.** Como los adultos, los niños tienen ciclos de sueño MOR[1] (ligero) y no-MOR (profundo). Los ciclos de sueño de un niño son considerablemente diferentes del ciclo adulto hasta los dos años de edad. Cuando una persona de cualquier edad pasa de un ciclo de sueño al siguiente, su cerebro experimenta un "despertar

---

[1] 'Movimientos Oculares Rápidos'. N. de la T.

parcial" en el que despierta lo suficiente para darse vuelta, notar que tiene sed o que se le cayó la almohada. Si la persona no se levanta para buscar un vaso de agua o recuperar la almohada, se vuelve a dormir. Para los bebés que duermen toda la noche, el despertar parcial sucede cada tres o cuatro horas (durante las siestas ocurren después de diez y treinta minutos de sueño); esto significa que durante un despertar parcial pueden abrir los ojos y darse cuenta de que están solos en su cuna. Quizá piensen: "estoy en mi habitación, aquí está mi muñeco de peluche", y vuelvan a quedarse dormidos solos.

CONSEJO PARA DORMIR BIEN

Quedarse dormido por cuenta propia es una habilidad *que se aprende*. Guiar con gentileza a nuestros hijos a que la dominen es tan importante como enseñarles el abecedario.

• **Es fundamental que un bebé aprenda a dormirse sin ninguna "muleta para dormir"**; en otras palabras, una asociación negativa que requiere que se haga algo al o por el bebé para que se duerma. Algunas de las muletas más comunes son amamantar, tomar el biberón, mecer, caminar o acostarse con el bebé o niño hasta que se quede dormido. Estas acciones son "negativas" porque el niño no puede hacerlas por sí mismo.

• **Las "asociaciones positivas del sueño"**, por otra parte, son comportamientos autorrelajantes o rituales que un bebé puede crear por sí mismo, como chuparse los dedos, tocar su pelo, acariciar un muñeco de peluche o su manta preferida, frotar cosas contra su mejilla, mecer su cuerpo, tararear o cantar.

• **Eliminar una muleta de sueño puede ser igualmente difícil para los padres y para el bebé**. Después de todo, tú también llegaste al punto de depender de la magia de mecer, amamantar, columpiar o caminar con tu bebé hasta que se quedara dormido. Puede ser duro dejar esas ayudas, pero en última instancia debes llegar al punto en que puedas parar *antes* de que tu bebé esté completamente dormido. Trata de disminuir el tiempo que paseas o meces a tu pequeño antes de ponerlo en su cuna. Ten en cuenta que algunos bebés se molestan cuando no los pasean o mecen lo suficiente para quedar completamente dormidos. En este caso es necesaria una estrategia más drástica: pasea o mece a tu bebé por un minuto —lo suficiente para decirle "te amo", decir una oración o tararear una canción de cuna— antes de acostarlo. Si tienes que elegir entre muy somnoliento o muy despierto, elige lo segundo y luego trabaja en reconfortar a tu bebé hasta que esté somnoliento en su cuna.

Si amamantas o le das biberón a tu bebé para que se duerma, puedes hacer que la parte de alimentación de su rutina para ir a dormir sea antes. O deja una luz suave encendida para ver cuando tu bebé comience a quedarse dormido (y así disminuir la asociación en su mente entre comer y conciliar el sueño). Obsérvalo con atención: cuando deje de succionar y tragar enérgicamente, y en su lugar mame despacio, con un movimiento de agitación suave, ya habrás excedido tu objetivo de adormecimiento. En este momento tienes dos alternativas:

1. Sepáralo de tu pecho o de su biberón, ponlo en su cuna y la próxima vez trata de parar un poco antes. Si se despierta cuando lo estás separando y te mira como diciendo: "¡Oye, todavía tengo hambre! No fue mi intención quedarme dormido", entonces dale otra oportunidad. Si se despierta lo suficiente para comer, déjalo terminar. Pero si enseguida comienza a quedarse dormido, ¡te engañó! Tu bebé no tiene hambre: simplemente quiere que lo sigas amamantado hasta dormirse. Sepáralo, haz que eructe, dale un beso y déjalo en su cuna.

2. Despiértalo: cámbiale el pañal o afloja su pijama. Dile algunas palabras reconfortantes de buenas noches y acuéstalo en su cuna despierto.

• **Los niños necesitan rituales de mañana lo mismo que los necesitan por la noche para ayudarles a entender la diferencia entre horas de vigilia y de sueño**. Cuando es hora de comenzar el día, haz un "despertar dramático". Abre las cortinas, enciende las luces, canta una alegre canción de buenos días y dale la bienvenida al nuevo día.

A medida que leas este manual, verás cómo uso el despertar dramático para ayudar a tu hijo a diferenciar el momento en que vas a sacarlo de su cuna o cama. Digamos que se despierta a las 5:00 y te sientas cerca de su cuna o cama para ayudarlo a dormirse de nuevo. A las 6:00 sigue despierto, sin signos de volver a dormirse, y deseas darte por vencida de que duerma cuando aún es de noche (6:00 es lo más temprano que te recomiendo como horario para que pierdas las esperanzas de que duerma de noche). No te aconsejaría que te pararas, lo sacaras de la cuna y comenzaras el día con el temor de que podrías acostumbrarlo a llorar intermitentemente por una hora (ver refuerzo intermitente, más abajo). En su lugar, te recomiendo que salgas de la habitación, cuentes hasta diez, vuelvas a entrar, enciendas la luz, le des los buenos días y comiences tu día.

Una nota importante sobre la consistencia: una vez que pones en práctica el plan de entrenamiento para dormir, es ***absolutamente crucial que seas consistente***, aún a mitad de la noche cuando estás cansada y no puedes pensar con claridad. Enviar mensajes mixtos —que en ciencias de la conducta se llaman "refuerzo intermitente"— a tu hijo durante el día (¡y la noche!) sólo lo frustrará. No podrá distinguir qué tipo de comportamiento amerita una recompensa y cuál no. El comportamiento reforzado intermitentemente es el más difícil de modificar o extinguir. Toma mucho más tiempo cambiarlo y siempre empeora antes de mejorar. Esto es particularmente cierto con niños mayores a un año de edad.

A continuación hay tres ejemplos de refuerzo intermitente en relación al sueño que me gustaría que *evitaras*:

1. "A veces te doy de comer para dormirte y otras no". Por ejemplo, quizá amamantas a tu bebé para dormirlo, le das de comer si se despierta después de las 22:00, lo meces si se despierta antes de la 1:00 y finalmente lo llevas a tu cama porque ya estás desesperada. Esto causa confusión. Quiero que te enfoques en acostar a tu bebé somnoliento pero despierto, y que respondas consistentemente durante toda la noche.

2. "A veces te he dejado llorar por quince o treinta minutos porque estaba desesperada y oí que esto funciona, pero luego no aguanté más y fui a levantarte y te mecí hasta que te dormiste". Este es un ejemplo de cómo enseñarle a tu bebé a llorar hasta que lo lleves a dormir, ¡de cualquier manera que puedas!

3. "A veces te traigo a mi cama, pero sólo después de las 5:00". Por favor, recuerda que tu hijo no sabe qué hora es. ¿Por qué no esperaría ir a tu cama a las 2:00 si lo llevas a las 5:00?

Considera además que los niños, de hecho, *ansían* tener consistencia a la hora de dormir (y todo el tiempo, en todo caso). Cuando saben qué esperar y qué se espera de ellos, les da seguridad y los ayuda a sentirse sanos y salvos.

CONSEJO PARA DORMIR BIEN

La consistencia en verdad es la clave para criar a tu hijo, y en especial para tener éxito durante el entrenamiento para dormir mejor.

Cómo prepararse para enseñar a dormir con éxito: antes de comenzar

1. Obtén el visto bueno del médico de tu hijo.

La mayoría de los problemas para dormir son de comportamiento; sin embargo, deberías pedir a tu pediatra que descarte enfermedades que pueden contribuir a los problemas de sueño de tu hijo, como reflujo, asma, alergias, infecciones de oído o apnea del sueño. Asegúrate de que los medicamentos, aún los de venta libre, no afecten el sueño de tu hijo.

Si aún alimentas a tu bebé durante la noche, pregúntale al doctor si —considerando su edad, su peso y su salud en general— todavía *necesita* comer de noche. Revisa con tu pediatra cuánto come cuando está despierto.

2. Lleva un diario de sueño y alimentación.

Debido a la falta de sueño, es probable que tu memoria no sea óptima: los días y las noches se te van entre los dedos. Para solucionar el problema de sueño de tu hijo, necesitas tener una idea clara de qué sucede a la hora de dormir, durante la noche, qué funciona y qué no, cómo responde tu bebé, etcétera. Lleva un registro: escríbelo por algunos días o una semana. Tener todo por escrito —en lugar de confiar en notas mentales revueltas en tu cansado cerebro— te dará una idea más precisa de cuáles son los patrones de tu hijo y tus propias respuestas.

Algunos padres encuentran que lo más fácil es conservar un diario junto a la cama del niño. Busca señales de su ventana natural de sueño. Toma nota de cuándo y con qué frecuencia se despierta por la noche. Anota lo que hiciste para lograr que se durmiera de nuevo, ya sea que lo mecieras, lo amamantaras, le cantaras o lo llevaras a tu cama. Compara el calendario de cada día de tu hijo con los horarios típicos que te sugiero en el capítulo 2.

Una vez que comiences mi programa, continúa con el diario. Llevar nota de los patrones de tu hijo te ayudará a darte cuenta de qué funciona y qué no, además de las tácticas que deberías ajustar. Al final de este manual hay un ejemplo de diario que puedes usar (si el mío no te gusta, puedes crear el tuyo).

3. Averigua cuál es la hora ideal de tu hijo para acostarse.

Este es el periodo durante el cual mostrará señales de que está listo para ir a dormir: bosteza, se frota los ojos, juega con su pelo, está irritable. Muchas veces los padres dejan pasar las señales de cansancio de sus hijos, especialmente por la tarde, puesto que es la hora en que están más ocupados. Puede ser que estén lavando los platos, revisando el correo, ayudando a los hijos más grandes con la tarea, etcétera. Presta atención a cómo se comporta tu hijo entre las 18:00 y las 20:00 (y asegúrate de que no se distraiga frente a la televisión). Tan pronto como comience a parecer somnoliento, sabrás que esa es su hora natural para ir a dormir, y el momento en que deberías acostarlo cada noche.

A pesar de que por lo general recomiendo ajustar gradualmente la hora de dormir, treinta minutos más o menos cada vez, con un niño menor de tres años puedes hacer cambios rápidos si aprendes a reconocer sus patrones naturales. Por ejemplo, si un niño de veinte meses está acostumbrado a irse a dormir a las 22:00, pero notas que a las 19:30 ya parece cansado, no necesitas ajustar su horario gradualmente. Acuéstalo a las 19:30 y asegúrate de hacerlo la noche siguiente y cada noche sucesivamente.

Si tienes dificultad para entender las señales de cansancio de tu hijo, puedes determinar un horario razonable para acostarlo con sólo considerar la hora a la que normalmente despierta y cuántas horas de sueño debería tener a partir de su edad (en las páginas 14–26 encontrarás promedios de sueño). Digamos que tu hijo tiene dos años y generalmente se despierta a las 7:00. En promedio, un niño de esa edad necesita once horas de sueño por la noche, lo que significa que tu hijo debería *estar dormido* a las 20:00.

4. Crea una rutina relajante para ir a dormir.

Todos los niños, desde los recién nacidos hasta los de edad escolar, necesitan una serie de rituales relajantes y predecibles para ayudarles a prepararse física y psicológicamente para dormir. Estas actividades deben ser apacibles y tranquilas, como leer un libro, contar una historia o cantar una canción de cuna. La hora de ir a dormir no es momento para cosquillas, jugar a las luchas, historias de miedo, ver la televisión o cualquier cosa que sea estimulante. Debido a que estás preparando a tu hijo para separarse de ti por la noche, el tono de voz debe ser sereno y reconfortante. Para bebés mayores a seis meses, recomiendo incorporar un "objeto de seguridad", que puede ser algún muñeco de peluche favorito o una mantita que puede usar para reconfortarse cuando se despierte por la noche. Con la excepción del baño y lavado de dientes, la rutina para ir a dormir debe suceder en la habitación del niño.

CONSEJO PARA DORMIR BIEN

Si tu hijo detesta alguna parte de la hora de dormir, termina esa parte primero. Por ejemplo, si no tolera que le laven los dientes, hazlo justo después de su baño, no después de haberle leído dos libros, cuando ya está cómodo y a gusto.

5. Instala cortinas bloqueadoras de luz.

Las cortinas pueden ayudar si el cuarto de tu hijo está muy iluminado, si se despierta muy temprano o tiene problemas para tomar su siesta, pero deja una luz tenue encendida para que puedas verlo por la noche. Es probable que duerma más profundamente con ese poco de luz, aunque algunos niños duermen mejor en completa oscuridad.

Dependiendo de la edad de un niño, a continuación se presentan algunas actividades que funcionan muy bien como parte de la rutina para ir a dormir. Con tres de esta lista es suficiente:

- Baño
- Poner pijamas
- Lavar los dientes
- Ir al baño
- Masaje
- Envolver al bebé
- Leer libros
- Cantar una canción breve
- Jugar un juego tranquilo
- Compartir tres cosas del día
- Contar una historia
- Escuchar música
- Yoga para bebés o niños
- Tomar un vasito de agua con un libro
- Dar biberón o amamantar
- Decir oraciones, enviar besos y cariño a otras personas
- Muchos besos y abrazos

6. Considera usar ruido blanco o sonidos de la naturaleza.

Los sonidos ambientales son una manera de amortiguar el ruido si tienes un perro que ladra, vecinos ruidosos, otros niños, vives en una calle agitada, etcétera. Los niños aprenden a dormir con los sonidos habituales de la casa (y así debería ser en gran medida), pero algunos lugares son demasiado ruidosos y algunos niños son más sensibles. El ruido blanco es un sonido constante que ayuda a bloquear el ruido; puedes comprar una máquina de ruido blanco o usar un ventilador. No sugiero usar música para bloquear el ruido, pues algunos niños pueden volverse dependientes, lo que significa que querrán que alguien vuelva a ponerla cada vez que se despiertan.

7. Toma una decisión acerca del chupón.

Las investigaciones muestran que el uso del chupón durante el sueño podría reducir el riesgo del síndrome de muerte súbita del lactante (SMSL) en bebés de seis meses o menos. La recomendación médica acerca de los chupones ha cambiado con frecuencia con el paso de los años, y podría cambiar nuevamente. Por favor, consulta a tu médico ahora y a medida que tu bebé crezca. Si estás amamantando, espera de cuatro a seis semanas hasta que la lactancia esté bien establecida antes de darle un chupón. Los bebés que toman biberón pueden comenzar antes.

Incluso si usaras el chupón cuando el bebé duerme, puedes no usarlo todo el tiempo que esté despierto e irritable. Una vez que cumpla seis meses, puedes reconsiderar cómo y cuándo quieres que use el chupón. Si tu bebé tiene más seis meses y usa un chupón, quizá debas decidir si esto es un problema que necesita atenderse mientras le enseñas a dormir.

Para ello, pregúntate lo siguiente:

- ¿Tu bebé puede agarrar y meterse el chupón a la boca por sí mismo? (La mayoría de los bebés pueden hacerlo a partir de los ocho meses.)

- ¿Vas varias veces a su cuna para ponerle el chupón?

- ¿Has hablado con tu pediatra acerca de quitarle el chupón a tu bebé?

Ahora bien, si encuentras que tienes que darle el chupón a tu bebé varias veces y tu pediatra está de acuerdo con eliminarlo, entonces tendrás que elegir la gran noche para hacerlo. Desafortunadamente no puedes "destetar" a un bebé del chupón: simplemente está en la boca de tu bebé o no está. Elige la primera noche en que pondrás a tu bebé en su cama sin el chupón. Durante las primeras noches tendrás que consolarlo un poco más de lo habitual. En los capítulos de edades de *Good Night, Sleep Tight* doy más detalles sobre cómo abandonar el chupón. Algunos niños lo dejan por sí mismos.

8. Acostumbra a tu hijo a despertarse entre 6:00 y 7:30.

Esto aplica para bebés de más de cinco meses de edad que se despiertan en diferentes horarios, algunas veces hasta las 8:30 o 9:30. Esto desequilibra el resto del día y confunde el reloj interno de tu bebé. Comienza a despertarlo a las 7:30 por cinco días antes de comenzar con el plan de entrenamiento.

9. Asegúrate de que todas las personas que cuidan a tu hijo apoyen el plan.

Es muy importante que tu esposo, pareja, niñera o cualquier otra persona que cuide frecuentemente a tu pequeño entienda cada aspecto del plan (y por qué es importante) y que esté dispuesto a seguirlo. Esto es esencial para mantener la consistencia, vital para tu éxito (consulta el capítulo sobre "Entrenamiento de siestas" en la página 36 para saber qué hacer si tu niñera se muestra renuente, y cómo manejar los horarios de tu bebé si está en la guardería).

CONSEJO PARA DORMIR BIEN

Una vez que elijas la fecha para comenzar el plan, asegúrate de que tu hijo tome una buena siesta (o siestas) ese día. No te gustaría comenzar mi programa con un bebé exhausto.

10. Elige una fecha razonable.

Elige un marco de tiempo, idealmente de tres semanas, durante el cual no esperas interrupciones o cambios significativos en casa; esto incluye viajes, una mudanza o el nacimiento de otro bebé. Algunas familias deciden comenzar el plan de entrenamiento durante las vacaciones de verano o invierno, de manera que los adultos no tengan que arreglárselas con el trabajo. Es una buena estrategia, pero ten cuidado y mantén la consistencia en el horario de tu hijo aún si el tuyo no lo es. Por ejemplo, no introduzcas un horario sensato para ir a dormir a las 19:30 si esa misma semana planeas permitirle a tu bebé que se quede despierto hasta las 22:00 con sus abuelos en Navidad, o si tendrás a un montón de primos en tu jardín para festejar el Día de la Independencia.

CAPÍTULO 2

Promedios de sueño por edades y guía de horarios para el día

La mayoría de los padres me preguntan cómo debería ser un "día típico" para sus hijos con respecto a alimentación, siestas y la hora de dormir, así que a continuación se presentan horarios *comunes* para niños de edades y etapas específicas. Por favor, ten en cuenta que esta guía de horarios aplica para niños saludables y sin problemas de crecimiento o desarrollo; por otra parte, se basan en las recomendaciones de la Academia Estadounidense de Pediatría. Sin embargo, *son flexibles, por lo que no necesitas seguirlos muy rigurosamente*. La rutina de tu hijo debe basarse en la observación de sus señales de hambre y sueño, así como en las recomendaciones de tu pediatra.

Recién nacidos: empezar a dormir con el pie derecho

No recomiendo el entrenamiento formal de sueño para niños menores de cuatro meses. Sin embargo, puedes *formar suavemente* los hábitos de sueño de tu recién nacido y, con suerte, prevenir problemas de sueño en el futuro con las *Recomendaciones de The Sleep Lady® para el sueño infantil* (puedes leerlas con más detalle en *Good Night, Sleep Tight*).

1. Crea una rutina flexible de alimentación y sueño.

2. Utiliza técnicas reconfortantes distintas a amamantar.

3. Ofrece el chupón para reconfortar y succionar, pero no dejes que se transforme en una muleta para dormir.

Benjamín, 6 meses de edad

4. Alimenta de vez en cuando a tu bebé cuando despierte de su siesta, y no solamente cuando intentes dormirlo.

5. Acuéstalo somnoliento pero despierto al menos una vez cada veinticuatro horas.

6. Si regresas a trabajar antes de que tu bebé cumpla los seis meses, comienza a usar un biberón al día —aun si estás comprometida a amamantar— alrededor de la tercera o cuarta semana si la lactancia ya está bien establecida.

7. Crea un entorno que ayude a tu bebé a dormir mejor.

8. Piensa cuidadosamente sobre compartir la cama o la habitación. Toma una decisión bien informada. Lee las recomendaciones sobre seguridad para dormir en la página 94.

El primer mes (de cero a cuatro semanas)

El total de sueño es de dieciséis a dieciocho horas, la mitad durante la noche y la otra mitad distribuida en cuatro siestas durante el día. Al final del primer mes, los bebés duermen un promedio de quince y media a diecisiete horas en total: alrededor de ocho y media a diez horas por la noche, y de seis a siete horas durante el día distribuidas en tres a cuatro siestas. Despiertan dos a tres veces por la noche para comer, pero deben volver a dormirse rápidamente.

De acuerdo con la Academia Estadounidense de Pediatría, una vez que la leche de la madre interviene, un recién nacido podría querer comer cada hora y media; sin embargo, no debería pasar más de tres horas sin comer, para un total de entre ocho y doce tomas en veinticuatro horas. Los bebés que se alimentan con fórmula comen con menos frecuencia, de dos a tres onzas cada tres o cuatro horas, para un total de seis a ocho tomas en un día.

TUS TAREAS PARA ESTE MES

Ayuda a tu bebé a diferenciar el sueño diurno del nocturno al:

- No permitir que tu bebé se sobreestimule (mantenlo lejos de luces brillantes o entornos ruidosos).

- Evitar que tu bebé se canse demasiado (debería estar despierto solamente por una y media o dos horas durante el día).

- Exponerlo a la luz natural o prender las luces cuando esté despierto durante el día.

- Despertarlo después de tres horas de sueño diurno para alimentarlo (es mejor reservar los intervalos largos de sueño para la noche).

El segundo mes (cinco a ocho semanas)

El total de horas de sueño es de quince y media a diecisiete horas: ocho y media a diez horas por la noche, y seis a siete horas durante el día distribuidas en tres a cuatro siestas. Para el final de este mes algunos bebés despertarán sólo una vez por la noche para ser alimentados; otros aún necesitarán dos tomas en medio de la noche. El sueño nocturno se vuelve más organizado (lo que significa que tu bebé comenzará a dormir por más tiempo y más profundamente por la noche), y para la sexta u octava semana quizá notes un periodo largo de sueño de cuatro o cinco horas por la noche.

Los bebés que toman pecho necesitarán comer cada dos o dos y media horas, aunque algunos pueden llegar a tres horas. El rango normal es entre ocho y doce tomas en veinticuatro horas. Los bebés que toman fórmula probablemente tomen alrededor de cuatro onzas por comida cada tres o cuatro horas.

TUS TAREAS PARA ESTE MES

Establece una rutina para ir a dormir que sea consistente:

- A las seis semanas comienza a acostar a tu bebé "somnoliento pero despierto" a la hora de dormir.

- Entre la sexta y la octava semana concéntrate en ayudar a tu bebé a quedarse dormido *sin* el pecho o el biberón en su boca, o sin mecerlo hasta que quede completamente dormido. Siéntate a su lado y acarícialo, dile algunas palabras suaves o levántalo si es necesario para calmarlo, pero luego vuelve a acostarlo. Quédate a su lado hasta que esté completamente dormido.

No te preocupes por establecer horarios de siesta por ahora; el sueño diurno de tu bebé no se organiza a esta edad, y de cualquier manera dormirá si estás ocupada. ¡Disfruta esta flexibilidad mientras puedas! Notarás que comienza un periodo en el que puede estar irritable desde la tarde hasta la noche, que por lo general termina cuando tu bebé cumple doce semanas.

El tercer mes (nueve a doce semanas)

El total de sueño es de quince horas: diez horas por la noche y cinco durante el día distribuidas en tres a cuatro siestas. Muchos bebés pueden dormir entre seis y ocho horas de corrido por la noche hacia el final del mes.

Los bebés que toman pecho aún necesitan comer cada tres horas más o menos, pero no con tanta frecuencia por la noche. Los bebés que toman biberón usualmente comen entre cuatro y cinco onzas cada tres o cuatro horas.

TUS TAREAS PARA ESTE MES

- Sigue acostando a tu bebé "somnoliento pero despierto" a la hora de dormir.

- Mueve a tu bebé de su moisés o colecho a su propia cuna (excepto si planeas continuar esta práctica por un periodo más prolongado).

- La hora de dormir de tu bebé debería ser entre las 22:00 o 23:00 horas al inicio de este periodo; comienza a hacerlo más temprano (alrededor de las 20:00) una vez que pueda dormir por ocho horas por vez o cuando notes que se siente cansado más temprano.

- Los horarios de siestas no se organizarán hasta el final de este mes. Mientras tanto, no dejes que tu bebé se canse demasiado. Usa un columpio, carriola o portabebés para asegurarte de que duerme durante la tarde.

El cuarto y quinto meses

El total de sueño es de diez a once horas por la noche y de cuatro a cinco horas durante el día distribuidas en tres siestas. A los cuatro meses los bebés deberían poder dormir alrededor de ocho horas por la noche sin comer, y para los cinco meses podrían dormir diez u once horas.

Un bebé que toma leche materna tendrá que comer al menos cinco veces por día, cada tres a cuatro horas (pero no te sorprendas si quiere comer cada dos o tres horas cuando dé un estirón).

A los cinco meses quizás puedas extender el intervalo entre comidas a casi cuatro horas. Los bebés que toman fórmula comerán con menos frecuencia, aunque necesitarán alrededor de una onza más por toma cada mes. Al final del quinto mes tu bebé tomará entre seis y ocho onzas por toma y tendrá cuatro o cinco comidas cada veinticuatro horas (en general, un bebé que toma biberón no debería tomar más de treinta y dos onzas de fórmula en un periodo de veinticuatro horas).

TUS TAREAS PARA ESTE MES

- Acuesta a tu bebé entre las 20:00 y las 21:00. Acuéstalo a dormir más temprano si constantemente se queda dormido durante su última comida.

- Comienza a reducir las tomas durante la noche. Puedes alimentarlo solamente una vez durante la noche: la primera vez que despierte (siempre y cuando hayan pasado al menos dos horas desde que se quedó dormido) o puedes ofrecerle una comida sin que despierte por completo antes de irte a la cama, es decir, tendrás que despertarlo alrededor de las 22:00 o 23:00. Lee *Good Night, Sleep Tight* para más detalles.

- Si tu bebé puede dormirse solo a su hora y despierta una vez para una comida rápida, pero se duerme inmediatamente después, no haría nada para cambiarlo. Probablemente abandonará pronto esa última comida. Si no lo hace, en el capítulo 5 aprenderás cómo eliminarla suavemente cuando cumpla seis o siete meses.

- No amamantes a tu bebé ni le des un biberón justo antes de su siesta. Alimentarlo cuando está alerta —en lugar de listo para dormir— ayuda a reducir la asociación entre comer y quedarse dormido, además de que refuerza el mensaje de que puede dormirse y seguir durmiendo sin el pecho o el biberón.

- Ayúdalo a extender, organizar y mejorar sus siestas:
    - Observa tanto el reloj como su comportamiento para saber cuándo acostarlo para que tome una siesta.
    - Acuéstalo en su cuna para cada siesta, excepto por la última.
    - Las siestas deben durar más de cuarenta y cinco minutos, idealmente noventa minutos o más. Si tu bebé se despierta con facilidad, acércate cuando despierte y ayúdalo a volverse a dormir. Experimenta para ver qué técnica de consuelo funciona mejor. Ten paciencia y trata de que se vuelva a dormir por veinte o treinta minutos. ¡Podría obsequiarte otros cuarenta y cinco minutos de sueño! Disminuye lentamente tu intervención a medida que aprenda a dormirse solo de nuevo.

Rutinas típicas de alimentación y sueño

Ten presente que estos números son un promedio: algunos niños necesitan dormir más o menos que otros (aunque estas variaciones no deberían de ser muy grandes), y no todos los niños están listos para tomar una siesta a la misma hora cada día. Es más importante observar las señales de cansancio de tu hijo —se talla los ojos, disminuye su actividad, fastidio, ruidos que haga cuando está cansado— que observar el reloj. De esta manera, podrás ponerlo a dormir antes de que se canse en exceso.

SEIS A OCHO MESES

Promedio de sueño: diez a doce horas de noche (sin necesidad de comer), tres horas y media durante el día (dos a tres siestas). Algunos bebés a esta edad quizá deban comer una vez durante la noche. Tu pediatra puede ayudarte a saber qué es lo mejor para tu hijo. Muchos bebés de esta edad toman una tercera siesta corta en la tarde dependiendo de cuánto haya durado la segunda.

El horario puede ser más temprano si tu hijo se despierta entre las 6:00 y las 7:00.

7:00 – 7:30	Despertar, cambio de pañal, desayuno (amamántalo o dale biberón y sólidos).
9:00 – 9:30	Comienza la siesta de la mañana, cuarenta y cinco minutos como mínimo y una hora y media como máximo. Cuando despierte, amamántalo o dale biberón y sólidos.
12:30 – 13:30	Comienza la siesta de la tarde. Tu bebé debe dormirse entre dos y tres horas después de despertar de su siesta matinal, y dormir de una hora y media a dos horas. Cuando despierte, amamántalo o dale biberón.
15:30 – 16:00	Tercera siesta corta (opcional), dependiendo de la siesta anterior, alrededor de cuarenta y cinco minutos a una hora. El lapso entre la siesta de la tarde y la hora de dormir no debe ser mayor a cuatro horas.
17:00 – 17:30	Amamántalo o dale biberón y sólidos
18:00 – 18:30	Comienza la rutina de baño y para ir a dormir, la cual puede incluir amamantar o dar biberón.
19:00 – 19:30	Hora de dormir.

NUEVE A DOCE MESES

Promedio de sueño (nueve meses): once horas por la noche, tres horas durante el día (dos siestas). La mayoría de los bebés de nueve meses que toman regularmente dos siestas por día están listos o ya han dejado la tercera siesta breve.

Promedio de sueño (doce meses): once horas y cuarto de noche, dos horas y media durante el día (dos siestas).

El horario puede ser más temprano si tu hijo se despierta entre las 6:00 y las 7:00.

7:00 – 7:30	Despertar. Amamántalo o dale biberón o leche en taza, y desayuno.
9:00 – 9:30	Comienza la siesta de la mañana. Si tu hijo duerme once o doce horas sin interrupciones por la noche, es posible que pueda estar despierto hasta las 10:00 (o tres horas después de despertar). Algunos niños necesitan un refrigerio pequeño después de la siesta.
12:00 – 12:30	Almuerzo con lactancia o biberón o leche en taza.
13:00 – 14:00	Comienza la siesta de la tarde. Refrigerio al levantarse.
17:00 – 18:00	Cena con lactancia o biberón o leche en taza.

Cambios y desafíos: destete y el uso de una taza

Algunos bebés están listos para dejar de tomar pecho o biberón en este periodo (¡o mamá o papá están listos para que lo hagan!). Si un niño generalmente no está demasiado cansado o no necesita comer para irse a dormir, el destete debería ser una transición natural y sencilla. Algunas señales de que un bebé podría estar listo para dejar el pecho o el biberón son:

1. El bebé mira alrededor mientras come.
2. Mordisquea el pezón sin mamar.
3. Trata de bajarse de tus brazos antes de terminar su biberón o vaciar tu pecho.

Es una buena idea presentarle una taza a tu bebé cuando cumpla nueve meses para que la use para tomar *todos* los líquidos antes de cumplir doce meses (o poco tiempo después). Procura apegarte a estas guías: alrededor de los quince meses algunos bebés se apegan a objetos como biberones y chupones, por lo que si tu hijo sigue tomando de un biberón a esta edad (especialmente antes de ir a dormir), será particularmente difícil que lo deje.

DOCE A DIECIOCHO MESES

Promedio de sueño: once horas y cuarto de corrido por la noche, dos y cuarto a dos y media horas durante el día (dos siestas para bebés de doce meses; una siesta para niños de dieciocho meses).

El horario puede ser más temprano si tu hijo se despierta entre las 6:00 y las 7:00.

7:00 – 7:30	Despertar y desayuno.
9:00 – 9:30	Comienza la siesta de la mañana, de una hora, si aún toma una.
11:30 – 12:30	Almuerzo (dependiendo del horario de la siesta de la mañana).
12:30 – 13:30	Comienza la siesta de la tarde. Alrededor de una hora y media si es la segunda siesta o entre dos y dos horas y media si es la única siesta del día.
17:00 – 17:30	Cena.
18:00 – 18:30	Comienza la rutina de baño y para ir a dormir.
19:00 – 20:00	Dormido.

Comidas normales: tres comidas y dos refrigerios.

Algunos niños de hasta tres años necesitan una transición más larga entre la cena y el momento de ir a dormir, por lo que deben comer antes que el resto de la familia. Sin embargo, la mayoría de los niños de esta edad no *necesita* comer antes de irse a dormir, aunque algunos disfrutan de amamantar rápidamente (si aún toman pecho) para confortarse. Hacer esto está bien mientras no lo hagan para dormirse.

Cambios y desafíos: dejar la siesta de la mañana

La mayoría de los niños están listos para dejar la siesta de la mañana entre los quince y los dieciocho meses, y casi todos pasan por la etapa de "una siesta es poco, dos son demasiadas". Lo único que puedes hacer es procurar que esta transición sea tan fluida como sea posible, aunque incluso en los mejores casos un niño puede estar malhumorado o decaído por dos o tres semanas. Tu hijo llegó a este punto si:

- Duerme de diez a once horas de manera ininterrumpida por la noche. Si aún no lo hace, procura mejorar el sueño nocturno antes de comenzar a cambiar las siestas.
- Le toma más y más tiempo quedarse dormido para la siesta de la mañana.
- Toma siestas más cortas por la mañana o duerme mucho por la mañana, y luego se niega a tomar una siesta por la tarde.

Una vez que notes estos cambios en los hábitos de sueño de tu hijo por al menos diez días seguidos, puedes comenzar el proceso para que deje la siesta de la mañana. Esto debería tomar entre siete y diez días. La manera es la siguiente:

1. Retrasa gradualmente la siesta de la mañana, hasta cerca de las 11:00 por dos días, luego 11:30 por algunos días más, luego mediodía, y así sucesivamente. No dejes que la siesta se estanque a media mañana. Algunos niños pueden adaptarse más rápidamente a una siesta a mediodía, mientras que otros necesitan ir más lento. Observa a tu hijo. Tu objetivo es que la siesta de la tarde comience entre las 12:30 y las 13:00 y dure al menos de dos horas y cuarto a dos horas y media.

2. Si tu hijo duerme sólo una hora y se despierta cansado, trata de calmarlo para que se vuelva a dormir. Si todo falla, usa una de tus técnicas de emergencia, como ponerlo en el auto o carriola.

3. Para no afectar el horario de ir a la cama, no lo dejes dormir después de las 16:00 o 16:30.

4. Procura acostar a tu hijo un poco más temprano de lo usual —alrededor de las 19:00— por dos semanas durante la transición para asegurarte de que no esté demasiado cansado.

5. Sé flexible para un posible "día de dos siestas". Si durante la transición tu hijo parece demasiado cansado, está bien dejarlo tomar dos siestas en vez de una: sólo limita la siesta de la mañana a cuarenta y cinco minutos.

CONSEJO PARA DORMIR BIEN

Entre los doce y los catorce meses de edad, tu hijo comenzará a soñar activamente. Esto puede despertarlo con un sobresalto. Está bien reconfortarlo; sólo no regreses a tu muleta de sueño con tal de que se vuelva a dormir.

6. Si tu hijo va a la guardería o al jardín de niños durante medio día, trata de sincronizar la siesta de la tarde en casa con los horarios de la escuela (asumiendo que comienza la siesta entre las 12:00 y las 13:00).

DIECIOCHO MESES A DOS AÑOS Y MEDIO

Promedio de sueño (dieciocho meses): once horas y cuarto de noche, dos horas y cuarto durante el día (una siesta).

Promedio de sueño (dos años): once horas de noche, dos horas durante el día (una siesta).

7:00 – 7:30	Despertar y desayuno.
12:00 – 12:30	Almuerzo.
12:30 – 13:00	Comienza la siesta de la tarde.
17:00 – 17:30	Cena.
18:00 – 18:30	Comienza la rutina de baño y para ir a dormir.
19:00 – 20:00	Hora de ir a dormir.

Una rutina relajante para ir a dormir es fundamental para niños más grandes (más de dos años). La mayoría de los niños de esta edad exigen que hagas todo en el mismo orden cada noche y que no olvides nada. Por este motivo, limita la rutina para ir a dormir a un número de elementos manejable (*un* cuento más *una* canción más *un* abrazo en la mecedora). A partir de los dos años, quizá veas varias tácticas de postergación. Si tu hijo "necesita" que lo vuelvas a tapar frecuentemente, otro beso, etcétera, responde *una sola vez*. La segunda vez que te llame, sé neutral pero firme y dile: "No voy a volver a taparte, es hora de dormir" y mantente firme. Si dices "última vez" y después cedes, le estás enviando el mensaje de que, si ruega y llora lo suficiente, obtendrá lo que quiere. Si tú o tu pareja toman turnos para acostar a tu hijo, está bien si tienen estilos un poco diferentes. Sólo asegúrate de que sean consistentes en cuanto a la hora de ir a la cama y cómo responden a las tácticas para retrasarla.

Cambios y desafíos: escapar de la cuna

Muchos niños en esta edad intentan trepar fuera de la cuna. Casi siempre sugiero a los padres que dejen a sus niños en la cuna el mayor tiempo posible, definitivamente hasta los dos años y medio, y preferentemente hasta los tres. Para esta edad, un niño tiene las habilidades verbales para entender las reglas de "la cama grande" y comunicar cuando se ha salido de la cama por vigésima vez esa noche.

Para detener a un niño que intenta escaparse (y evitar que se lastime si logra salirse), puedes:

- Bajar el colchón lo más que se pueda.

- Poner almohadas en el piso alrededor de la cuna para amortiguar una caída.

- Retirar de la cuna juguetes o muñecos de peluche grandes sobre los que se pueda parar.

- Cuando tu hijo logre salirse, regrésalo a la cuna con la menor interacción posible y dile: "no se trepa".

- Quédate cerca a la hora de dormir y asómate por la puerta. Si ves que tu hijo empieza a levantar la pierna, dile: "no se trepa".

- Consigue una red para cunas. Agrega un toque positivo y decórala.

- Vístelo con un "saco de dormir": no podrá levantar su pierna sobre el barandal.

DOS AÑOS Y MEDIO A CINCO AÑOS DE EDAD

Promedio de sueño (tres años): diez horas y media de noche, una hora y media de día (una siesta).

Promedio de sueño (cuatro años): once horas y media de noche.

Promedio de sueño (cinco años): once horas de noche.

6:00 – 7:30	Despertar y desayuno.
Refrigerio de media mañana.	
12:00 – 12:30	Almuerzo.
13:00 – 15:00	Siesta (si aún toma una) o momento de tranquilidad.
Refrigerio.	
17:00 – 17:30	Cena.
18:00 – 18:30	Comienza el baño.
19:00 – 20:30	Hora de dormir (el horario exacto dependerá de la edad y de si aún toma una siesta).

Una vez que tu hijo entre a preescolar, sus horarios dependerán en gran medida del tiempo que pase ahí, el horario de siesta de la clase y otros factores externos. Dicho eso, hay algunas cosas que puedes (y debes) controlar:

En general, es conveniente *despertarlo entre las 6:00 y 7:30* (consulta el capítulo "Solución de problemas" en la página 86 si tu hijo se despierta persistentemente antes de las 6:00).

Alrededor de los cuatro años, la mayoría de los niños deja de tomar siesta. Cuando tu hijo llegue a este punto, asegúrate de que al menos tenga *un rato de tranquilidad por la tarde* (viendo libros en su habitación, por ejemplo), y recorre su hora de dormir una hora; por ejemplo, si antes se acostaba a las 20:30, ahora debería de estar en la cama alrededor de las 19:30.

Para cuando cumpla cinco años probablemente pueda quedarse despierto un poco más tarde —hasta las 20:00— y debería dormir hasta las 7:00. En otras palabras, debería dormir *once horas ininterrumpidas cada noche*. Ajusta el horario para ir a dormir y despertar de tu hijo de manera que coincida con los horarios de la rutina familiar e inicio de clases.

También ten presente que los niños en edad preescolar son muy buenos para fingir cuando están cansados, lo que dificulta saber cuál es el horario ideal para acostarlos. Continúa *buscando señales como bostezos, si se talla los ojos, se chupa el dedo o está de mal humor*. Si tu hijo toma un segundo aire cargado de cortisol (lo que significa que se te pasó su ventana de sueño), acuéstalo media hora antes de ahora en adelante. De la misma forma, si comienza a cabecear durante su rutina para ir a dormir o se queda dormido en el momento en que apagas la luz, es probable que lo estés acostando muy tarde. Adelanta su hora de dormir unos quince o treinta minutos.

CAMBIOS Y DESAFÍOS: PASAR A LA CAMA GRANDE

La mayoría de los niños deja la cuna entre los tres y los cuatro años. Un niño está listo para hacer este cambio cuando:

- Tiene al menos dos años y medio.

- Ya puede dormirse solo por la noche y es capaz de volver a dormirse sin ayuda cuando se despierta por la noche.

- Logra trepar de la cuna con facilidad y frecuentemente (consulta mis sugerencias para lidiar con esto en la página 24 si quieres mantener a tu hijo en su cuna por más tiempo).

- *Dice* que quiere una cama de "niño grande".

Hay distintas maneras de hacer esta transición.

Método abrupto

En otras palabras, simplemente *sacas la cuna y la sustituyes por una cama*. Si haces esto:

- Pon la cama nueva donde estaba la cuna (si la distribución de la habitación lo permite), o
- Colócala en la esquina de la habitación para que se sienta contenido y seguro.
- Instala un barandal de seguridad en el costado de la cama que no dé a la pared.
- Coloca algunas almohadas en el piso, por si se cae.

Un comentario acerca de las camas para niños pequeños: algunas familias usan este tipo de camas (cuyo colchón cabe en una cuna) como un paso intermedio, pero no veo la necesidad de hacerlo. Si tu hijo de verdad quiere una de estas camas, adelante, pero no es una inversión esencial. La única ventaja es que estas camas usualmente son pequeñas, por lo que los padres no caben. De esta forma no tendrás que lidiar con que tu hijo te pida que te acuestes con él.

Método gradual

- Comienza dejando el barandal de la cuna abajo, con un banquito al costado para que tu hijo pueda bajar solo.
- Coloca algunas almohadas en el suelo, por seguridad.
- Si la cama nueva y la cuna caben en la habitación, puedes comenzar a leer libros en la cama o dejar que tome una siesta en ella. Luego elige la gran noche en que dormirá en su propia cama. Una vez que duerma en su cama de día y de noche, puedes sacar la cuna.

Algunas cosas para tener en cuenta sin importar el método que elijas:

• Considera poner una puerta para niños en la puerta de la habitación —al menos al comienzo— como un dispositivo de entrenamiento además de una medida de seguridad. La puerta establece límites que le ayudan a tu hijo a entender que debe quedarse en la cama. También evitará que deambule por la casa y pueda lastimarse en la oscuridad de la noche.

• Asegúrate de que la habitación sea completamente segura ahora que puede salir de la cama sin supervisión.

• Deja que elija sábanas nuevas o una manta (o al menos dale la opción entre dos o tres juegos que a ti también te gusten).

CONSEJO PARA DORMIR BIEN

Si tienes un bebé en camino y necesitarás la cuna antes de que tu hijo mayor esté listo para dejarla (aun si cumple con todos los criterios para garantizar su seguridad), haz la transición al menos dos meses antes de que nazca el bebé o cuatro meses después. Si tu hijo más grande aún no está listo para dejar su cuna, pide una prestada para el bebé o compra una usada que sea segura.

• Explícale los privilegios, pero también repasa las reglas. Asegúrate de que entienda que tú lo acostarás a dormir, pero que debe quedarse ahí.

• Sé consistente desde el primer día. Si tu hijo se sale de la cama, llévalo de regreso sin chistar.

• Recompénsalo en la mañana por quedarse en su cama: dale algunas calcomanías y deja que llame a sus abuelos para presumirles su nueva cama.

Si estás a punto de comenzar con mi Método Sleep Lady® o algún cambio mayor por la noche —como retirarle el biberón o el chupón— considera si será más fácil dejarlo en su cuna un poquito más. Esto hará que se sienta seguro en un ambiente que conoce mientras cambias otros aspectos de su rutina para ir a dormir. Será más fácil si no tienes que preocuparte si se levanta mientras intentas enseñarle cómo dormir en su cama.

CAPÍTULO 3

El Método Sleep Lady®

Para niños mayores de seis meses, un aspecto central de mi programa es el Método Sleep Lady®. Piensa que es una especie de destete para dormir: reducirás los malos hábitos de sueño de tu hijo, como la necesidad de que lo amamanten para dormir, y establecerás buenas prácticas, como que tu hijo aprenda a dormirse sin necesidad de recurrir a técnicas que pueden ser difíciles de tolerar (como dejar que tu hijo se canse de tanto llorar) o que no concuerdan con tu estilo de vida (como traer a tu bebé a tu propia cama).

El Método Sleep Lady® puede funcionar con niños de todas las edades, pero se usa más con bebés o niños de hasta tres años (puedes ver las guías para usar el Método con niños en camas en el capítulo 9, página 71). Así es como funciona:

- Comienza a la hora de dormir después de un día de buenas siestas. Sigue una relajante rutina para ir a dormir —amamantar o dar un biberón, una canción, etcétera— en la habitación del niño con la luz prendida.

- *Apaga* las luces (una luz nocturna tenue está bien) y acuesta a tu hijo en su cuna, somnoliento pero despierto. Para muchos niños esta puede ser la primera vez que los acuesten en la cuna conscientes de lo que está sucediendo, y podrían protestar con gritos y lágrimas.

- Durante las tres primeras noches, coloca una silla junto a la cuna en la que te puedas sentar y fácilmente reconfortar y calmar a tu hijo (consulta las recomendaciones para sentarse junto a la cuna).

- Cada tres días debes alejar un poco la silla de la cuna (consulta las posiciones recomendadas para la silla).

- Durante la aplicación del Método Sleep Lady® llegará el punto en que ya no estés al costado de la cuna, sino sentada junto a la puerta, por ejemplo. Si tu hijo se despierta durante la noche, ve a la cuna, consuélalo, dale un beso, dile que se acueste (si está de pie) y regresa a tu silla junto a la puerta. Puedes regresar a la cuna y cargarlo si se pone histérico, pero sólo hasta que se calme; después vuelve a acostarlo y regresa a tu silla.

Posiciones recomendadas para la silla

Posición 1	Junto a la cuna.
Posición 2	Entre la cuna y la puerta (si la habitación es muy pequeña o si la cuna está cerca de la puerta, ve directamente a la posición 3). Para niños en cama, omite esta posición.
Posición 3	Junto a la puerta, dentro de la habitación.
Posición 4	En el pasillo, donde tu bebé aún puede verte.
Posición 5	En el pasillo, donde tu bebé no puede verte pero sí escucharte.

Recomendaciones para sentarse junto a la cuna

1. No intentes obligar a tu hijo a que se recueste (si puede ponerse en pie). ¡No vas a ganar! Toca el colchón y dile que se acueste. Cuando se acueste puedes acariciarlo y decirle "sh, sh", "buenas noches", "está bien", u otras frases que prefieras, a fin de que se relaje.

2. Puedes acariciar, decir "sh, sh", dar palmaditas y frotar a tu hijo intermitentemente a través de los barrotes de la cuna —pero no constantemente— hasta que se quede dormido. Esperará el mismo trato cuando despierte a mitad de la noche. Aleja tu mano cuando notes que está comenzando a dormirse.

3. Tú controlas el contacto. En otras palabras, no dejes que tu hijo se quede dormido mientras sostiene tu dedo o tu mano: cuando te muevas se despertará y tendrás que comenzar el proceso de nuevo. Toca o acaricia distintas partes de su cuerpo.

4. Está bien levantar a tu hijo si se pone histérico. Quédate en su habitación y sostenlo mientras se calma. Asegúrate de no cargarlo por un periodo tan largo que se quede dormido en tus brazos. Una vez que se tranquilice, dale un beso, acuéstalo otra vez en su cuna y siéntate en la silla. Una nota: si cargas a tu hijo e *inmediatamente* deja de llorar, quiere decir que caíste. En vez de enseñarlo a dormir, él te habrá entrenado para que lo cargues. La próxima vez, espera un poquito más. En una noche o dos sabrás si cargarlo lo ayuda o lo estimula más.

5. Quédate junto a su cuna hasta que esté completamente dormido a la hora de dormir, y después todas las veces que se despierte por la noche durante los tres primeros días del Método Sleep Lady®. Si te apresuras a salir de la habitación en cuanto tu hijo cierre los ojos, lo más probable es que despierte y tendrás que comenzar otra vez (esto es especialmente cierto en niños mayores de un año).

6. Regresa a tu posición y sigue estas reglas cada vez que tu bebé despierte durante las tres primeras noches (si tú y tu pediatra decidieron eliminar las comidas nocturnas). Ve a su cuna, dale un beso, dile que se acueste si es necesario y siéntate en la silla. Haz esto cada vez que se despierte, hasta las 6:00.

Una nota respecto a que no seas la única durante el entrenamiento para dormir mejor:

Como mencioné, está bien que los padres establezcan rutinas un poco diferentes para ir a dormir (quizá a mamá no le guste cantar canciones de cuna, pero papá lo haga de maravilla; o papá prefiera contar una historia en vez de leer un libro). A pesar de esto, las rutinas para ir a dormir de todas las personas que cuidan a tu bebé (incluyendo niñeras u otros miembros de la familia presentes con regularidad) deberían ser similares. Mientras sigas el entrenamiento para dormir mejor, es buena idea que uno de los padres esté a cargo cada noche. Si, por ejemplo, estás en el día cinco del Método Sleep Lady® y papá está sentado en la silla en medio de la habitación, mamá no debería tomar su lugar después de diez minutos. Hacer esto sólo estimula y confunde al niño. Sin embargo, no es necesario tener una sola persona "a cargo" cada vez que tu bebé despierta durante la noche. Algunas parejas dividen la noche y negocian horarios de acuerdo a sus necesidades de sueño y ritmos internos. Por ejemplo, mamá puede tomar el turno desde la medianoche hasta las 3:00, y papá el de 3:00 a 6:00.

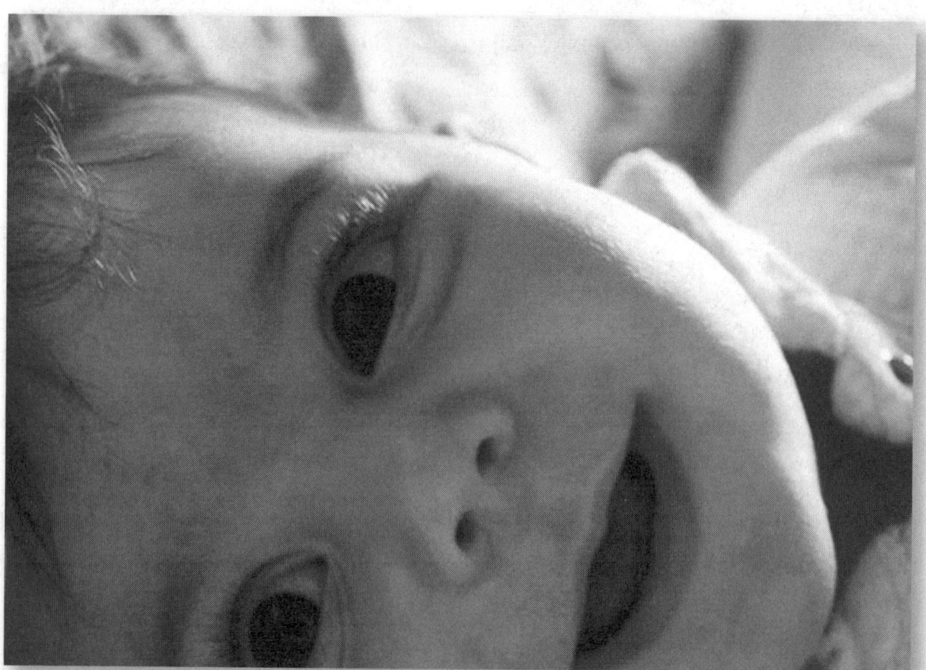

Virginia, 6 meses y medio de edad

CAPÍTULO 4

Entrenamiento de siestas

Si tu hijo es mayor de seis meses y necesitas mejorar su sueño diurno, **comienza con el día dos o la mañana después de la primera noche del Método Sleep Lady®. Considera lo siguiente:**

- **Asegúrate de que los horarios de siestas de tu hijo sean correctos,** en función de su edad (como se explica en el capítulo 2). También toma nota de sus señales de cansancio y las ventanas de vigilia.

- Realiza una versión más corta de su rutina para ir a dormir, luego acuesta a tu bebé en su cuna somnoliento pero despierto. Siéntate junto a la cuna y tranquilízalo de la misma manera que lo haces por la noche. **Intenta por una hora que se duerma.**

- **Procura que tome una siesta en la cuna dos veces al día (y una vez al día si tu hijo sólo toma una siesta) antes de recurrir a un "plan de siesta de emergencia":** si revisas su diario de sueño a las 14:00 o 15:00 y te das cuenta de que no ha dormido lo suficiente en el día, tienes que poner en marcha un plan de emergencia. Te tienes que asegurar de que duerma de alguna forma antes de que se termine la tarde, lo que ayudará a que duerma mejor por la noche. Una siesta de emergencia puede suceder en el auto, la carriola, un columpio o el portabebés, pero trata de que no sea uno de los hábitos que estés tratando de romper. Por ejemplo, si te has esmerado para que tu bebé deje de dormir contigo en la misma cama por la noche, entonces no lo acuestes en tu cama para su siesta de emergencia. Prueba un paseo en el auto o caminar con la carriola. Idealmente, la siesta de emergencia debe durar al menos cuarenta y cinco minutos y tu hijo debería estar despierto a las 16:30 para que esté listo para dormirse en su horario normal.

- **Nada de siestas antes de las 8:00.** ¡Incluso si está despierto desde las 5:00! Si lo hace, el resto del día se desequilibrará y él se hará el hábito de despertar demasiado temprano. Sé que puede ser complicado y que tu hijo puede estar demasiado cansado, pero a la larga vale la pena.

- **La siesta de la mañana no debe durar más de una hora y media.** Despiértalo si es necesario. Sé que esto va en contra de la regla que dice "nunca hay que despertar a un bebé", pero quiero que lo hagas sólo en la siesta de la mañana para ayudarle a regular los horarios de sueño.

- Durante las siestas, mantén las mismas posiciones de la silla que usas en la noche.

- Si tienes un hijo más grande que no puede quedarse solo mientras te sientas en la habitación de tu bebé, puedes hacer **revisiones periódicas en intervalos regulares**. Basa el tiempo de tus revisiones según el temperamento de tu bebé y sé consistente. Si no tienes idea de dónde comenzar, revísalo cada siete minutos e incrementa el tiempo lentamente. Cuando vayas a su cuna, consuélalo pero hazlo rápidamente. Si te quedas acariciándolo hasta que se quede dormido, estarás frustrando el objetivo del plan.

Los tres errores más comunes en el entrenamiento de siestas y cómo manejarlos

1. Tu hijo no se duerme durante una hora entera. Haz el "despertar dramático" (abre las cortinas, canta "¡buenos días —o buenas tardes—, bebé!") y sácalo de su cuna. Puesto que no tomó la siesta de la mañana, no podrá estar despierto (o esperar) hasta su próxima siesta por la tarde. Observa sus señales de cansancio: si comienza a bostezar, quedarse dormido cuando le estás dando de comer, etcétera —aun cuando sólo hayan pasado cuarenta y cinco minutos desde que lo sacaste de su cuna— intenta que tome una siesta otra vez.

2. Tu hijo sólo duerme cuarenta y cinco minutos en la mañana. Esto es lo mínimo para una siesta. Si se despierta contento y parece haber descansado, está bien. Pero ten en cuenta que quizá esté listo para su próxima siesta un poco antes de lo normal (después de dos horas de haber despertado en lugar de tres). Busca señales de cansancio para no que se te pase su ventana de sueño. Por otra parte, haz todo lo posible para no interrumpir la siesta de la tarde. En mi experiencia, cuando los bebés se despiertan contentos después de una siesta de cuarenta y cinco minutos por la mañana, usualmente no sucede después de una siesta de cuarenta y cinco minutos por la tarde. Si tu hijo despierta después de cuarenta y cinco minutos de su siesta de la tarde, utiliza el Método Sleep Lady® para que se vuelva a dormir (intenta al menos unos treinta minutos si puedes).

3. Tu hijo duerme menos de cuarenta y cinco minutos. Esto es lo que llamo una "siesta desastre". Si la siesta dura menos de cuarenta y cinco minutos, un niño no duerme un ciclo completo de sueño; técnicamente, aun con los ojos abiertos no está completamente despierto. Aquí va un mensaje difícil: quiero que vayas a su cuarto y sigas el Método por una hora. A esto lo llamo "la hora más larga".

Un ejemplo: acuestas a tu hijo en su cuna a las 9:00 y cae rendido a las 9:30, pero sólo duerme hasta las 10:00. Vas a su cuarto para ayudarlo a dormirse, y finalmente lo logra a las 10:30, apenas después de media hora. Pero sólo duerme veinte minutos. Es posible que tu voz negativa diga: "¡No puedo creer que The Sleep Lady® me dijera que hiciera esto! Lloró más de lo que durmió. ¿De qué sirve?". Pero si lo piensas bien, ¡tu bebé lo logró! Fue capaz de volver a dormirse después de despertar a medias de su siesta, y esa es una de las cosas más difíciles de hacer. En el futuro comenzará a dormirse otra vez más rápidamente y dormirá por más tiempo si te apegas al proceso.

Cuando la niñera se opone al entrenamiento de siestas

Algunas veces las niñeras, las guarderías o los miembros de la familia no se sienten cómodos con dejar que un bebé llore (aun cuando están a su lado), o no quieren enfrentar el tedio de seguir el Método por una hora después de una siesta corta. Si encuentras este tipo de resistencia, sin importar cuántas veces les expliques los principios de la ciencia del sueño, sigue los siguientes pasos:

- Pide a quien cuide a tu hijo que se concentre en "llenar el tanque de sueño" de la mejor manera usando las muletas para dormir que siempre ha usado; en otras palabras, haz que se asegure de que tu hijo duerma el número de horas diurnas necesarias para su edad. Por ejemplo, si generalmente mece a tu bebé para que se duerma, dile que siga haciéndolo para las siestas. Pídele que meza a tu bebé si se despierta antes de cuarenta y cinco minutos, para evitar siestas desastre durante todo el día. Mientras *tú* no mezas a tu bebé durante el día o la noche, esto puede funcionar.

- Mientras tanto, debes trabajar en el sueño nocturno y en las siestas de los fines de semana. Cuando estés segura de que tu hijo ha aprendido a dormirse solo, habla de nuevo con quien te ayuda a cuidarlo. Explícale lo que tu bebé ha logrado y pídele su cooperación para acostarlo somnoliento pero despierto. Si tu bebé está en una guardería, quizás estén dispuestos a acostarlo unos minutos antes de que traigan al resto de los bebés.

- Considera que, en algún momento durante el entrenamiento de sueño de tu hijo, las técnicas que usa la niñera podrían dejar de funcionar. Una vez que un niño aprende a dormirse solo, las muletas de sueño originales se vuelven inefectivas. Esto es una buena señal: significa que tu niñera tendrá que unirse al equipo de entrenamiento de sueño.

Si tú o tu pareja no pueden ocuparse del entrenamiento de siestas al mismo tiempo que te enfocas en el entrenamiento de sueño nocturno, puedes recurrir a medidas temporales para que tu hijo duerma en el día, de preferencia en horarios predecibles. Amamántalo, acarícialo, mécelo: haz lo que sea necesario. Pero no renuncies por completo a las siestas o te convenzas de que no las necesita. A medida que el sueño nocturno mejore, el sueño diurno puede mejorar sin que debas intervenir. Si esto no sucede, toma un respiro e intenta el entrenamiento otra vez en uno o dos meses, o cuando esas medidas temporales dejen de funcionar, lo que suceda primero.

Algunas cosas para tener en cuenta

- La siesta de la mañana se desarrolla primero y es más fácil de dominar para tu hijo que la de la tarde, así que no pierdas esta oportunidad.

- La siesta de la tarde es más difícil: no te desalientes.

- Revisa tu diario de sueño a las 14:00 o 15:00 y decide si necesitas poner en marcha un plan de siestas de emergencia.

- Durante el entrenamiento de siestas estarás atada a tu casa. Si sientes que lo único que haces todo el día es tratar de que tu hijo duerma, entonces lo estás haciendo correctamente. No te rindas. *¡Sí se puede!*

CAPÍTULO 5

Cómo eliminar las comidas nocturnas durante el Método

Una de las tareas más difíciles es convencer a los padres de que la mayoría de los bebés sanos de seis a ocho meses de edad, con un crecimiento normal, no necesitan comer de noche. Incluso una mamá inteligente y razonable que sabe esto puede temer que su hijo tenga hambre, en especial cuando el niño se despierta de noche. Consulta a tu pediatra para asegurarte de que tu pequeño no tenga ningún problema de salud que requiera que lo alimentes por la noche. Sin embargo, es muy probable que la razón por la que un bebé mayor se despierta en busca del biberón o el pecho sea que succionar es la única manera que conoce para volver a dormirse. No te preocupes si tu hijo desarrolló este hábito. Es muy común —¡porque funciona!—, pero es tiempo de romper con él.

Las familias con las que he trabajado han intentado todas las técnicas que explico más abajo para eliminar las comidas nocturnas; elige la opción que mejor se adapte al temperamento de tu bebé. Te sugiero comenzar con la forma más gradual, el Método A, pero si estás segura de que el B o el C tiene más sentido para tu bebé, comienza con ese. En cualquier caso, lee el capítulo entero: muchos de los consejos se pueden aplicar a cualquiera de estas estrategias.

Sin importar la opción que elijas, será más fácil si tratas de ajustar el reloj de hambre de tu bebé de tal forma que tome más calorías de día y en consecuencia deje de buscar más comida en la noche. Sé que algunos bebés, aun así de pequeños, hacen un muy buen trabajo comiendo poco muchas veces al día para después darse un festín de noche.

Max, 8 meses de edad

Comienza a revisar el plan de alimentación diurna y lleva un diario de su dieta por una semana. Habla con tu médico para asegurarte de que esté recibiendo la mezcla correcta de leche materna y/o fórmula y sólidos. Trata de alimentar a tu hijo en un lugar tranquilo, poco iluminado y sin televisión, teléfono u otras distracciones *para que pueda enfocarse en comer bien*. Esta recomendación también funcionará cuando tu bebé dé un estirón y necesite comer más. Durante este tiempo, quizás necesite comer por la noche en ocasiones, pero al mejorar su alimentación durante el día minimizarás las comidas nocturnas.

Una vez que tú y tu pediatra estén de acuerdo en que tu bebé no necesita comer en un periodo de once horas por la noche, elige uno de los siguientes métodos y decide cuántas noches lo mantendrás antes de eliminar por completo las comidas nocturnas. Idealmente el proceso durará una semana, así que elige una noche en la cual no alimentarás a tu bebé.

Método A: la técnica de reducción

Si estás amamantando, reduce gradualmente el tiempo que tu bebé toma pecho. Por ejemplo, si usualmente come por veinte minutos, aliméntalo sólo por quince. Reduce la cantidad cada pocas noches hasta que esté listo para dejarlo o hasta que lo alimentes por cinco minutos: en este punto, alimentarlo es sólo una provocación y es momento de parar. Asegúrate de separarlo de tu pecho cuando termine de comer con ganas, incluso si es antes del tiempo que determinaste con anterioridad; no lo dejes comer hasta que se quede dormido. Acuéstalo en la cuna cuando esté somnoliento pero despierto.

CONSEJO PARA DORMIR BIEN

No importa qué método elijas para parar las comidas nocturnas, ¡sé consistente y no lo abandones!

Si le das biberón, reduce la cantidad de fórmula que le das a tu bebé cada pocas noches. Cuando llegues a las dos onzas es momento de parar. Otra alternativa es diluir la fórmula gradualmente con agua hasta que esté tan rebajada que prefiera no despertar. En general encuentro que lo mejor es reducir el total de onzas en cada biberón cada dos o tres noches.

Método B: la eliminación gradual en cuatro noches

Ya sea que estés amamantando o dando el biberón, alimenta a tu bebé sólo *una vez* durante la noche por tres noches; lo mejor es tener una regla respecto a cuándo le darás esa comida. Puedes:

- alimentar a tu bebé la primera vez que se despierte después de cierta hora, por ejemplo a medianoche, o

- la primera vez que se despierte, siempre y cuando hayan pasado al menos cuatro horas desde que comió por última vez, o

- darle de comer cuando siga dormido antes de que te vayas a la cama.

Alimenta a tu bebé una sola vez y no lo vuelvas a hacer hasta después de las 6:00, cuando ambos pueden comenzar el día. Si se despierta otras veces, siéntate junto a la cuna y ofrécele consuelo físico y verbal. Sigue las recomendaciones para sentarse al costado de la cuna, de la página 31.

En la cuarta noche no alimentes a tu bebé. Recuerda que tuvo tres noches para acostumbrarse a recibir menos calorías por la noche. Usualmente los padres alejan la silla de la cuna un poco en la cuarta noche, pero vamos a modificar esto. La cuarta noche, cuando tu bebé despierte, siéntate cerca de su cuna por una noche más. Reconforta a tu bebé desde la silla como lo hiciste a la hora de dormir. No lo levantes a menos de que llore histéricamente, pero cárgalo sólo unos minutos. En el caso de que sólo amamantes, podría ayudar que papá esté a cargo esta noche: como él no puede amamantar, es posible que tu bebé se ajuste mejor a las noches sin comer.

Nota importante: digamos que decidiste alimentar a tu bebé la primera vez que despierte después de la medianoche. Si desde las 23:00 y hasta la medianoche estás sentada a su lado haciendo el Método mientras él llora, no lo levantes para alimentarlo justo después de las doce campanadas. Espera hasta que se quede dormido de nuevo y vuelva a despertarse, incluso si sólo duerme media hora. No quieres enviarle el mensaje de que le darás de comer si llora una hora.

Método C: parar en seco

Puedes dejar de ofrecerle el pecho o el biberón a tu bebé cuando despierte de noche. Ve a su cuna como se describe en el Método. Asegúrate de que tú y tu pareja estén de acuerdo con esta decisión. Si mamá está amamantando, considera que papá responda cada vez que despierte en la noche, pues tu bebé sabe que él no puede ceder y alimentarlo.

REDUCCIÓN DEL NÚMERO DE COMIDAS NOCTURNAS SIN ELIMINARLAS TODAS

Digamos que tu pediatra cree que tu bebé aún necesita alimentarse por la noche o quieres reducir el número de comidas nocturnas, pero no estás lista para eliminarlas por completo. Sigue el primer paso del Método B y restringe las comidas a *una* por noche. Alimenta a tu bebé rápidamente, y evita otras interacciones que lo motiven a quedarse despierto y no se separe de ti.

CAPÍTULO 6

Dejar el colecho

Algunas familias que practican colecho lo hacen porque su hijo no puede dormirse solo sin tener a uno de sus padres acostado junto a él, sosteniéndolo o amamantándolo hasta dormirse, y no porque el colecho sea parte de su estilo de crianza. Por lo demás, incluso si optas por el colecho, deberías enseñarle a tu hijo a dormirse solo.

Después de que un bebé ha estado en tu cama por meses (¡o años!), te sugiero hacer cambios en varias etapas —que describo más abajo— a lo largo de varias semanas (aunque no todas las familias necesitan pasar por todas las etapas). Si tu hijo es suficientemente grande, discute con él el cambio inminente. Incluso un niño de un año de edad comprende más de lo que crees, y uno de dieciocho meses o más podrá entender bastante. Deja que tu pequeño sepa lo que sucederá y hazlo sonar divertido. Para niños más grandes, una planilla de estampas y otras recompensas son un gran incentivo.

Etapa uno: durante el día y a la hora de jugar

Acostumbra a tu hijo a su habitación cuando esté despierto y durante el día. De hecho, no sólo debería acostumbrarse a estar ahí, sino que debería *gustarle*. Juega con él, cámbialo, abrázalo y dale besos en su habitación. Si necesita más incentivos para aventurarse en una habitación que no le es conocida, puedes comprarle algunos juguetes divertidos o sacar algunos libros o videos de la biblioteca local (puedes omitir este paso si tu hijo ya juega en su habitación y/o toma su siesta ahí).

Etapa dos: siestas

Noah, 10 meses de edad

Si tu hijo aún no duerme su siesta en su habitación, comienza ahora. Antes de hacer la transición de la noche, acostúmbralo por una semana o dos a que tome sus siestas en su propia cuna o cama durante el día. Acuéstate *con él* en su cuarto por dos o tres días si tu intuición te dice que necesita un poco de ayuda. Si le cuesta quedarse dormido en su cuarto y no quieres acostarte con él, puedes sentarte con él por algunos días, pero trata de que tu presencia sea neutra. Calma y tranquiliza a tu hijo, pero no dejes que interactúe constantemente contigo o esto será una excusa para no dormir. Después de unos días, puedes intentar usar el Método Sleep Lady® para entrenamiento de siestas. Si haces esto, ten en cuenta que es tu decisión si quieres enfocarte primero en las siestas, o en las siestas y el sueño nocturno al mismo tiempo. En este punto no importa si te sientas en la misma posición de día y de noche.

En vez de usar el Método, tienes la opción de intentar que tu hijo duerma la siesta con su objeto de seguridad y salir de la habitación para revisarlo cada cinco minutos si llora. Si sientes que esto es muy brusco, recuerda que cualquier método está bien, pero debes elegir el que creas mejor y que sea compatible con tu hijo. Lee el capítulo correspondiente a la edad de tu hijo para más detalles del Método y entrenamiento de siestas.

Etapa tres: colecho en la habitación de tu hijo

Cuando tú o tu hijo estén listos para el entrenamiento nocturno —y será claro: estamos hablando de días o semanas, no de meses—, debes comenzar con el Método Sleep Lady®, pero con una fase preliminar: pasa hasta tres noches durmiendo en su habitación con él para crear un puente entre la cama familiar y el sueño independiente. Coloca un colchón en el piso, trae la cama de las visitas o usa una bolsa de dormir: lo que sea cómodo y seguro para dormir juntos.

Etapa cuatro: comienza el Método Sleep Lady®

Dependiendo de si estás pasando a tu hijo a una cuna o cama, lee los capítulos 8 o 9 sobre cómo implementar tu plan para más detalles.

Una vez que hayas terminado la rutina usual para ir a dormir, acuesta a tu hijo en su cama o cuna, y siéntate a un lado para calmarlo. Dale palmaditas o acaricia intermitentemente su espalda, pero no lo pases a la cama que estés usando. Quédate junto a la cuna o cama hasta que esté completamente dormido.

Puedes dormir en su habitación en el colchón del piso si esto te ayuda a sentirte más segura y a ser más consistente, pero sólo por dos o tres noches. Si te quedas más tiempo, para él será más difícil ajustarse cuando te vayas. Si tu hijo duerme en una cama y se levanta para ir contigo al piso, simplemente acuéstalo de inmediato sin decir una palabra. Si lo hace repetidamente o si te despiertas por la noche y lo encuentras en tu cama, ve directamente al paso del Método en el que usas la silla y no duermas más en su cuarto.

Cada vez que tu hijo se despierte durante la noche, regresa a su lado y dale consuelo verbal y físico hasta que se vuelva a dormir. Siéntate al lado de su cuna o cama por tres noches para consolarlo. Cada tres noches aléjate un poquito para que gradualmente pueda quedarse dormido por cuenta propia. Mueve la silla al otro lado de la habitación y luego a la puerta, después al pasillo hasta que finalmente puedas dejarlo solo aunque todavía lo revises frecuentemente (puedes leer el resumen del Método en las páginas 29–30 para más detalles).

CAPÍTULO 7

Crea tu plan

Ahora es momento de crear tu propio plan de entrenamiento de sueño. Siempre les recomiendo a los padres *crear el plan de sueño juntos cuando no estén muy cansados*. Piénsenlo con cuidado, discutan el plan y después *escríbanlo*. Poner el plan en papel garantizará que estén en sintonía y los ayudará a evitar malos entendidos. Lo más importante es que los ayudará a ser consistentes con su hijo.

A continuación encontrarás ejemplos de planes para un bebé de siete meses que duerme en una cuna y para un niño de tres años que ya duerme en una cama. Después encontrarás un plan en blanco para que puedas llenarlo y desprenderlo.

Abajo se encuentra el plan para Jimena, quien tiene siete meses y duerme en su cuna.

Owen, 15 meses de edad

Nuestro plan para Jimena

Consultamos al pediatra y discutimos los hábitos alimenticios de nuestra hija, su crecimiento y su salud general. Descartamos cualquier condición médica potencial que pueda interferir con su sueño. Nuestro pediatra nos ha dado luz verde para comenzar con el entrenamiento de sueño.

Después de revisar los promedios de sueño, encontramos que nuestra hija necesita en promedio la siguiente cantidad de horas de sueño:

Sueño nocturno total:	**11 horas**
Sueño diurno total:	**3.25 horas**
Número de siestas:	**2 a 3**

Después de revisar los diarios de alimentación y sueño de los últimos días, creemos que su ventana natural para irse a dormir es: **alrededor de las 19:00**.

Trabajaremos para mantener un horario de comida y sueño que se aproxime al establecido a continuación:

6:00 – 7:30 Rango para despertar.

Desayuno o alimentación materna o biberón.

8:30 – 9:00 Siesta (o después de dos horas de despertar, pero no antes de las 8:00), una hora y media como máximo.

Almuerzo o alimentación materna o biberón.

Alrededor de las 13:00 Siesta (o después de dos a tres horas de despertar de su siesta, pero dormida a más tardar después de tres horas).

Refrigerio.

17:00 – 17:30 Cena o alimentación materna o biberón.

18:00 – 18:30 Comienzo del baño / rutina para ir a dormir (dependiendo de que sea noche de baño).

18:45 Alimentación materna o biberón.

19:00 Luces apagadas y en la cama.

Nuestra rutina para ir a dormir incluye lo siguiente:

1. Baño o lavado

2. Masaje

3. Alimentación con luz tenue encendida

4. Libro o canción corta

5. Dentro de la cuna, despierta

NUESTRO PLAN PARA IR A DORMIR

- Papá se sentará junto a la cuna hasta que Jimena se quede dormida.

- Papá leyó las reglas del Método Sleep Lady® descritas en las páginas 29-30.

- Papá decidirá cuándo es apropiado levantar a Jimena para calmarla y determinará si esto le ayuda.

- Mamá no le dará instrucciones a papá desde el pasillo y apoyará su esfuerzo sabiendo que él ama a Jimena y es un papá cariñoso con ella.

- Mamá y papá acordaron que aprender a dormirse sola es una habilidad esencial, y enseñarle esto a Jimena es una de sus tareas como papás.

NUESTRAS POSICIONES DE LA SILLA

- Noches 1-3: junto a la cuna.

- Noches 4-6: junto a la puerta (su habitación es pequeña y su cuna está cerca de la puerta, por lo que no es necesaria la posición en mitad de la habitación).

• Noches 7-10: en el pasillo a la vista. Ella puede vernos desde su cuna.

• Noches 11-13: en el pasillo, fuera de la vista, con la puerta abierta un poquito.

• Noches 14 y siguientes: salimos y le decimos "sh" intermitentemente desde el pasillo si todavía es necesario.

NUESTRA ESTRATEGIA PARA LA NOCHE

• Con el pediatra acordamos que Jimena necesita comer una vez durante una noche de sueño de once o doce horas.

• La alimentaremos la primera vez que se despierte después de la medianoche y no lo volveremos a hacer sino hasta después de las 6:00, cuando comenzaremos nuestro día.

• Para esta comida, mamá entrará, cambiará el pañal y le dará pecho a Jimena. Después la acostará de nuevo en la cuna. Mamá la apartará del pecho cuando haya terminado de comer y no la dejará succionar hasta quedarse dormida otra vez.

• Papá entrará y se sentará cerca de la cuna de Jimena cada vez que despierte antes y después de comer y seguirá las reglas del Método como se describen en las páginas 29-30.

• No sacaremos a Jimena de su habitación para comenzar el día antes de las 6:00.

• No traeremos a Jimena a nuestra cama.

EJEMPLO DE LA ESTRATEGIA NOCTURNA SI JIMENA NO NECESITARA COMER DURANTE LA NOCHE Y TUVIERA QUE DESTETARSE DE VARIAS TOMAS.

- Con el pediatra acordamos que Jimena está en un peso sano y no necesita recibir calorías durante un periodo de once o doce horas por la noche.

- Decidimos interrumpir las comidas en el transcurso de tres noches.

- Por tres noches le daremos de comer cuando se despierte por primera vez después de la medianoche y no lo volveremos a hacer sino hasta después de las 6:00, cuando comenzaremos nuestro día.

- Para esta comida, mamá entrará, cambiará el pañal y le dará pecho a Jimena. Después la acostará de nuevo en la cuna. Mamá la apartará del pecho cuando haya terminado de comer y no la dejará succionar hasta quedarse dormida otra vez.

- Papá entrará y se sentará cerca de la cuna de Jimena cada vez que despierte antes y después de comer y seguirá las reglas del Método como se describen en las páginas 29-30.

- No sacaremos a Jimena de su habitación para comenzar el día antes de las 6:00.

- No traeremos a Jimena a nuestra cama.

- En la cuarta noche no alimentaremos a Jimena durante la noche y cada vez que despierte haremos todo de la misma manera.

- Mamá y papá decidieron dividir la noche de la siguiente manera:

- Cuando Jimena se despierte entre la hora de dormir y la 1:00, mamá irá a la habitación y se sentará junto a la cuna, siguiendo las reglas del Método explicadas en la página 30.

- Cuando Jimena se despierte entre la 1:00 y las 6:00, papá irá a la habitación y se sentará junto a la cuna, siguiendo las reglas del Método explicadas en la página 30.

- Si se despierta antes de las 6:00 y NO se vuelve a dormir antes de las 6:00, saldremos de la habitación y volveremos a entrar con un "despertar dramático".

LAS POSICIONES DE LA SILLA

- Noches 1-4: junto a la cuna; nos sentaremos junto a la cuna una noche más, y la primera noche no comerá.

- Noches 5-7: al lado de la puerta (su habitación es pequeña y su cuna está cerca de la puerta, por lo que no es necesaria la posición en mitad de la habitación).

- Noches 8-11: en el pasillo a la vista. Ella puede vernos desde su cuna.

- Noches 12-14: en el pasillo, fuera de la vista, con la puerta abierta un poquito.

- Noches 15 y siguientes: salimos y le decimos "sh" intermitentemente desde el pasillo si todavía es necesario.

NUESTRO PLAN PARA LAS SIESTAS

- Decidimos comenzar también el entrenamiento de siestas.

- Comenzaremos la mañana siguiente a la primera noche del entrenamiento para dormir.

Usaremos el horario flexible que describimos más arriba. Revisamos el plan para el entrenamiento de siestas de las páginas 33–34

NUESTRA RUTINA BREVE ANTES DE LA SIESTA

1. Cerrar las cortinas de la habitación, cambiar pañal.

2. Amamantar con la luz encendida si estamos en casa.

3. Leer un libro corto.

NUESTRO PLAN DE EMERGENCIA PARA LAS SIESTAS

Llevaremos a Jimena de paseo en la carriola o en el auto los fines de semana cuando estemos en casa. Nuestro objetivo es que duerma al menos cuarenta y cinco minutos o que esté despierta a las 16:30.

NUESTRO PLAN PARA LAS SIESTAS EN CASA

Haremos el entrenamiento de siestas usando su cuna durante los fines de semana o los días que estemos en casa.

ACUERDOS CON LA NIÑERA

No podrá hacer el entrenamiento de siestas de Jimena ya que tiene otros niños que atender, pero está dispuesta a asegurarse de que duerma de tres a tres horas y media durante sus siestas, incluso si tiene que dormir en el columpio o la carriola. Le explicamos el horario de Jimena y sus ventanas de sueño y está dispuesta a colaborar con nosotros respecto a coordinar sus siestas.

¡Estamos listos para comenzar! Destinamos tres semanas de nuestro calendario para dedicarnos a mejorar los hábitos de sueño de nuestra hija. ¡Sabemos que hay sueño para todos al final del túnel!

A continuación hay un ejemplo de un plan para Emilio, un niño de tres años que duerme en una cama.

NUESTRO PLAN PARA EMILIO

Nos reunimos con nuestro pediatra y discutimos los hábitos alimenticios de nuestro hijo, su crecimiento y su salud general. Descartamos cualquier condición médica potencial que pueda interferir con su sueño. Nuestro pediatra nos ha dado luz verde para comenzar con el entrenamiento de sueño.

Después de revisar los promedios de sueño, encontramos que nuestro hijo necesita en promedio la siguiente cantidad de horas de sueño:

Sueño nocturno total:	**10½ horas**
Sueño diurno total:	**1½ horas**
Número de siestas:	**1**

Después de revisar los diarios de alimentación y sueño de los últimos días, creemos que su ventana natural para irse a dormir es: **19:30 - 20:00.**

Trabajaremos para mantener un horario de comida y sueño que se aproxime al establecido a continuación:

6:00 – 7:30	Despertar. Emilio tiende a despertar a las 6:30 y se ve descansado con diez horas y media de sueño por la noche.
Desayuno.	
12:00	Almuerzo.
Almuerzo o alimentación materna o biberón.	
Alrededor de las 13:00	Siesta. Lo despertaremos después de una hora y media, pues si duerme más le cuesta irse a dormir a su hora.
Refrigerio.	
17:00 – 17:30	Cena o alimentación materna.
18:00 – 18:30	Comienza el baño / rutina para ir a dormir (depende de que sea noche de baño).
19:45	Luces apagadas y en la cama.

NUESTRA RUTINA PARA IR A DORMIR INCLUYE LO SIGUIENTE:

1. Baño o lavado.

2. Poner pijama y elegir dos libros.

3. Leer libros.

4. Compartir tres cosas que hice hoy y me gustaron.

5. Revisar gráfico de buenos modales para el sueño, besos y apagar luces.

Creamos un gráfico de buenos modales para el sueño con las siguientes reglas:

- coopera a la hora de ir a la cama

- se acuesta en silencio

- se duerme sin mamá o papá acostados a su lado

- se vuelve a dormir tranquilamente durante la noche sin mamá o papá a su lado

- se queda tranquilo en la cama hasta que comienza la música para despertar

NUESTRO PLAN PARA IR A DORMIR

- Mamá y papá tendrán una reunión familiar para discutir con Emilio los modales para el sueño que esperan de él. También le diremos que no nos acostaremos más con él a la hora de dormir o durante la noche, pero que nos quedaremos con él mientras aprende a dormirse solo.
- Mamá y papá alternarán noches y se pondrán de acuerdo antes de la hora de dormir.

- La primera noche, mamá revisará el gráfico de buenos modales para el sueño de Emilio antes de apagar las luces.

- Mamá se sentará junto a la cama de Emilio hasta que esté completamente dormido.

- Una vez que las luces se apaguen habrá poca interacción o conversación con Emilio. Acordamos taparlo solamente dos veces y luego tendrá que hacerlo solo.

- Mamá y papá revisaron todas las reglas del Método descritas en las páginas 29-30.

- Mamá se alejará de la cama si Emilio sigue poniendo sus piernas sobre ella o trata de poner su cabeza sobre su regazo, y no le repetirán las indicaciones que le han dado.

- Mamá abrazará a Emilio para calmarlo si es necesario, pero no se acostará con él.

- Mamá y papá acordaron presentar una misma postura y ser consistentes con Emilio a sabiendas de que esto le ayudará.

- Sabemos que cambiar hábitos de sueño en un niño de tres años puede tomar más tiempo.

- Mamá y papá acordaron que aprender a dormirse solo es una habilidad esencial, y enseñarle esto a Emilio es una de sus tareas como papás.

NUESTRAS POSICIONES DE LA SILLA

- Noches 1-3: junto a la cama.

- Noches 4-6: junto a la puerta. Si Emilio sigue saliéndose de la cama cuando estemos sentados junto a la puerta, nos levantaremos, contaremos hasta tres y diremos: "Emilio, no volveré a sentarme en tu habitación si no te quedas tranquilo en tu cama. Voy a contar hasta tres y si no estás en tu cama, me iré y cerraré la puerta". Si tenemos que salir y cerrar la puerta, contaremos hasta diez, abriremos la puerta y le diremos a Emilio: "Si regresas a tu cama, entraré y me sentaré en tu habitación". Diremos esto con voz tranquila, pero firme. Haremos esto las veces que sean necesarias hasta que regrese a su cama.

- Noches 7-10: en el pasillo a la vista. Él puede vernos desde su cama. Sabemos que esta puede ser la fase más difícil para Emilio. Responderemos de la misma manera que se menciona arriba si se levanta. Consideraremos poner una puerta de seguridad para niños hasta que sus modales de sueño mejoren.

- Noches 11-13: en el pasillo fuera de vista, con la puerta un poco abierta. Usaremos nuestra voz intermitentemente para reconfortarlo y que sepa que aún estamos cerca si es necesario.

- Noches 14 en adelante: lo dejaremos y haremos "revisiones". Le diremos que iremos a verlo después de lavarnos los dientes, por ejemplo. Nos quedaremos arriba en nuestra habitación hasta que se haya dormido, y luego bajaremos.

NUESTRA ESTRATEGIA PARA LA NOCHE

- Cada vez que Emilio se despierte y se levante, lo tomaremos de la mano y lo regresaremos a la cama.

- Cada vez que se despierte antes de las 6:00 le diremos tranquilamente que "tu música para despertar no se ha encendido, lo que significa que todavía es de noche y tienes que volver a dormirte en tu cama".

- Nos sentaremos cerca de su cama hasta que se duerma durante las primeras tres noches y seguiremos las posiciones de la silla indicadas más arriba.

NUESTRO PLAN PARA LAS SIESTAS

- Acordamos que Emilio aún necesita una siesta durante el día.

- Decidimos comenzar también el entrenamiento de siestas.

- Comenzaremos la tarde siguiente a la primera noche del entrenamiento para dormir.

Usaremos el horario flexible que describimos más arriba. Revisamos el plan para el entrenamiento de siestas de las páginas 33–34.

NUESTRA RUTINA BREVE ANTES DE LA SIESTA

1. Cerrar las cortinas y revisar el gráfico de buenos modales para el sueño durante las siestas.

2. Leer libros.

3. Apagar las luces.

NUESTRO PLAN DE EMERGENCIA PARA LAS SIESTAS

Llevaremos a Emilio de paseo en el auto los fines de semana y cuando estemos en casa durante la semana. Nuestro objetivo es que duerma al menos cuarenta y cinco minutos o que esté despierto a las 16:00.

NUESTRO PLAN PARA LAS SIESTAS EN CASA

- Durante los fines de semana o días que Emilio no tenga escuela, él dormirá en su cama.

• El horario de su siesta será entre las 12:00 y las 13:00 horas, como en preescolar.

ACUERDOS CON LA GUARDERÍA

Emilio está en preescolar tres días a la semana por tiempo completo. Usualmente se acuesta tranquilamente en su cama. Sus maestras acordaron despertarlo después de una hora y media de siesta.

¡Estamos listos para comenzar! Destinamos tres semanas de nuestro calendario para dedicarnos a mejorar los hábitos de sueño de nuestro hijo. ¡Sabemos que hay sueño para todos al final del túnel!

Nuestro plan para ______________________________

(Nombre de tu hijo/a)

Nos reunimos con nuestro pediatra y discutimos los hábitos alimenticios de nuestro hijo, su crecimiento y su salud general. Descartamos cualquier condición médica potencial que pueda interferir con su sueño. Nuestro pediatra nos ha dado luz verde para comenzar con el entrenamiento de sueño.

Después de revisar los promedios de sueño, encontramos que nuestro hijo necesita en promedio la siguiente cantidad de horas de sueño:

Sueño nocturno total: ________
Sueño diurno total: ________
Número de siestas: ________

Después de revisar los diarios de alimentación y sueño de los últimos días, creemos que su ventana natural para irse a dormir es a las: ________ hrs.

Trabajaremos para mantener un horario de comida y sueño que se aproxime al establecido a continuación:

NUESTRA RUTINA PARA IR A DORMIR INCLUYE LO SIGUIENTE:

1. ______________________________
2. ______________________________
3. ______________________________
4. ______________________________
5. ______________________________

6:00 – 7:30 Rango para despertar
Desayuno o alimentación materna
Ventana de vigilia ______
______AM siesta Duración mín. y máx. ______
Almuerzo o alimentación materna
Ventana de vigilia ______
______PM siesta
Ventana de vigilia antes de la hora de dormir
Refrigerio
¿Tercera siesta opcional?
______PM Cena o alimentación materna
______PM Comienza el baño / rutina para ir a dormir
Alimentación (si es adecuado para su edad)
______PM Luces apagadas y en la cama

En caso de que sea necesario, creamos un gráfico de buenos modales para el sueño que podemos consultar y que contiene los siguientes modales:

1. ______
2. ______
3. ______
4. ______
5. ______

NUESTRO PLAN PARA IR A DORMIR:

______
______
______
______
______
______

NUESTRAS POSICIONES DE LA SILLA:

____

____

____

____

____

____

NUESTRA ESTRATEGIA PARA LA NOCHE

¿Alimentarás a tu hijo durante la noche? Si es así, escribe el plan de alimentación y quién lo hará.

____

____

____

____

____

____

NUESTRO PLAN PARA LAS SIESTAS

____

____

____

____

____

____

Usaremos el horario flexible que describimos más arriba. Revisamos el plan para el entrenamiento de siestas de las páginas 33–34.

Comenzaremos el entrenamiento de siestas la mañana siguiente al primer día del entrenamiento para dormir o ________________.

NUESTRA RUTINA BREVE ANTES DE LA SIESTA

1. ______________________________________
2. ______________________________________
3. ______________________________________

NUESTRO PLAN DE EMERGENCIA PARA LAS SIESTAS

____
____
____
____
____

NUESTRO PLAN PARA LAS SIESTAS EN CASA

____
____
____
____
____

ACUERDOS CON LA NIÑERA

____
____
____
____
____

¡Estamos listos para comenzar! Destinamos tres semanas de nuestro calendario para dedicarnos a mejorar los hábitos de sueño de nuestro hijo. ¡Sabemos que hay sueño para todos al final del túnel!

Implementa tu plan: el Método explicado paso a paso para un bebé o niño en una cuna

Noches uno a tres

Una vez que el baño, los cuentos, el biberón o el pecho y las canciones hayan terminado, siéntate en una silla *junto a la cuna de tu bebé*. Si llora o protesta, puedes darle palmaditas o acariciarlo. Es importante que seas *tú* quien controle el contacto físico: en vez de dejar que sostenga tu dedo, dale palmadas. Sin embargo, asegúrate de no tocarlo constantemente (¡aunque sea tentador!). No quieres reemplazar una asociación negativa del sueño, como mecerlo, por otra, como tu contacto continuo o el sonido de tu voz. Otra razón para mantener el contacto al mínimo es que el cuarto día alejarás la silla del costado de la cuna, y el contacto frecuente no será posible.

Trata de no levantarlo por demasiado tiempo; si tu bebé está muy molesto, hazlo sobre la cuna si es posible. Sostenlo hasta que se calme, pero procura que sea por un tiempo corto. Luego acuéstalo de nuevo mientras aún esté despierto. Puedes cantarle mientras lo preparas para dormir, pero una vez que sea hora de acostarse, es mejor usar sonidos reconfortantes como "sh, sh". Prueba cerrando tus ojos: será más fácil no hablarle, y esto también le dice que es hora de dormir. Aburre a tu bebé en vez de estimularlo. Quédate ahí hasta que se quede dormido.

Cuando tu hijo se despierte en la noche durante el Método (seguramente lo hará al principio), regresa a la silla cerca de su cuna y cálmalo. En principio puedes acercarte a la cuna y tranquilizarlo y acariciarlo rápidamente, además de decirle que se acueste (si está sentado o de pie), antes de volver a la silla. Quédate ahí hasta que se vuelva a dormir. Sigue este procedimiento cada vez que se despierte hasta las 6:00 (por lo menos), cuando ambos pueden comenzar el día.

Si tu hijo tiene una noche particularmente difícil, no detengas el entrenamiento. Aunque quizá debas dejarlo tomar una siesta más larga por un día para que no esté demasiado cansado, lo cual haría la siguiente noche aún más difícil. Aumenta el tiempo de siestas siguiendo los ejemplos de horarios descritos en el capítulo 2. Digamos que tu bebé de ocho meses está despierto desde las 5:00. En un día normal, comenzaría la siesta alrededor de las 9:00, pero hoy estará muy cansado para quedarse despierto. No lo obligues: deja que tome su siesta a las 8:00 (pero no antes) y no desajustes sus horarios por completo al permitir que se duerma a las 6:30. Está bien si toma una tercera siesta corta por la tarde. O si duerme media hora más de lo habitual. De la misma manera, si tu hijo normalmente duerme de 13:00 a 15:00, está bien dejarlo dormir hasta las 16:00 si lo necesita después de una noche difícil o de despertarse muy temprano. No lo dejes dormir toda la tarde hasta la hora de cenar o antes del mediodía.

Otra forma de manejar una carencia temporal de sueño es acostarlo más temprano de lo normal por unas cuantas noches. En resumen, observa a tu hijo, confía en ti misma y haz ajustes sensatos, pero mantenlos dentro del horario adecuado para su edad.

RECORDATORIOS PARA LAS NOCHES UNO A TRES

- Asegúrate de que tu hijo tome buenas siestas el día que comiencen el Método. Consulta el promedio de siestas para la edad de tu hijo en el capítulo 2.

- Crea un plan de siestas, hora de ir a dormir y sueño nocturno según las páginas 58–61.

- Lleva un diario de sueño.

- La hora para ir a dormir debe ser suficientemente temprano. Observa sus señales de cansancio y también el reloj. Lleva las cuentas hacia atrás. Por ejemplo: un niño típico de dos años necesita once horas de sueño por la noche. Si la hora promedio en

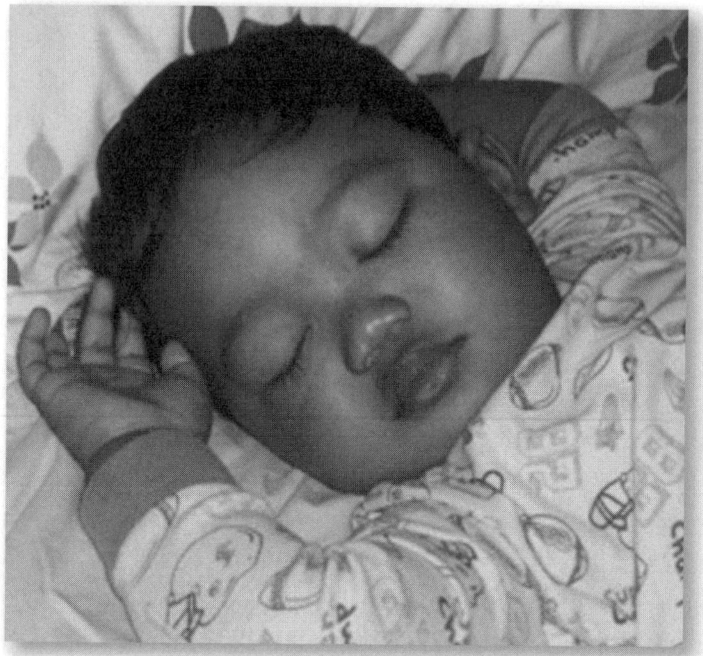

Cai, 16 meses de edad

que despierta tu hijo es a las 7:00, entonces debería estar *dormido* a las 20:00.

• Concéntrate en cuál será el plan para la primera noche. Discútelo con tu pareja para que estén de acuerdo. Dividan la noche, tomen turnos de cuando en cuando o decidan quién se levantará cada vez que tu hijo se despierte.

• Dale pecho o biberón con las luces encendidas. *No* quieres que piense que "la manera en que nos vamos a dormir de noche es succionando hasta quedar somnolientos en la oscuridad".

• Somnoliento pero despierto: esto significa más despierto que somnoliento. Si le ayudas a tu hijo a estar *muy* somnoliento a la hora de dormir, harás que le sea más difícil volverse a dormir cuando se despierte en la noche.

• Tu hijo debe darse cuenta de que lo están acostando, lo que significa que quizá llore, así que prepárate.

- Tu primera posición de la silla es junto a la cama.

- Ten cuidado de no crear una nueva muleta para dormir. Por ejemplo, no sustituyas mecer a tu hijo para dormir con darle palmaditas en la espalda. Pista: si tu bebé comienza a llorar cuando dejas de darle palmaditas, quiere decir que te estás excediendo.

- No hay límite en cuanto al tiempo que debes estar en la silla. Quédate el tiempo que sea necesario, en el entendido de que no quieres entrenar a tu bebé a llorar. Tampoco salgas de la habitación muy pronto. Cuando lo haces, tu hijo (especialmente si es mayor de un año) estará más alerta y te buscará en repetidas ocasiones.

- ¡Recuerda que *puedes* levantar a tu hijo! Después de una o dos noches sabrás si esto ayuda.

- Levántalo para calmarlo, *no para hacerlo dormir*.

- Cada vez que tu hijo se despierte, ve a su cuna: evalúa lo que necesita, dile que se acueste, reconfórtalo y siéntate en la silla.

- Sigue los mismos pasos cada vez que se despierte (si no lo estás alimentando de noche).

- No te rindas antes de las 6:00. Después haz un despertar dramático: sal del cuarto, cuenta hasta diez y regresa como si nada hubiera sucedido.

- Comienza el entrenamiento de siestas el día dos.

Noches cuatro a seis

Mueve la silla al centro de la habitación (si la habitación es muy pequeña o si la cuna está muy cerca de la puerta, puedes omitir esta posición y sentarte directamente junto a la puerta). Sigue haciendo sonidos para calmar a tu bebé, pero quédate en la silla todo lo que puedas. Levántate para darle palmaditas o acariciarlo un poco si es necesario, o sigue haciendo los sonidos reconfortantes que has hecho durante las tres últimas noches. Trata de no levantarlo a menos de que tu bebé llore histéricamente. Quédate en la silla a mitad de camino hacia la puerta hasta que se quede dormido.

Cuando tu hijo despierte durante la noche, regresa a la posición de la silla en la que estabas esa noche a la hora de dormir y reconfórtalo. Puedes acercarte a la cuna y calmarlo rápidamente, acariciarlo y decirle que se acueste (si está de pie o sentado) antes de regresar a la silla junto a la puerta. Sigue haciendo sonidos reconfortantes pero quédate en la silla todo lo que puedas. Acércate para acariciarlo un poquito o darle palmaditas si es necesario. Intenta no levantarlo a menos de que se ponga histérico; si lo levantas, sigue la técnica descrita para las tres primeras noches. Quédate en la silla junto a la puerta hasta que se duerma de nuevo.

RECORDATORIOS PARA LAS NOCHES CUATRO A SEIS

- Es probable que aún se despierte por la noche; aun así debes mover la silla a mitad de camino hacia la puerta en la cuarta noche.

- Lleva un diario de sueño.

- Acuesta a tu hijo en la cuna, somnoliento pero despierto.

- Puedes levantarte de la silla y acercarte a consolar a tu hijo si se pone histérico.

- Ten cuidado con los intentos de un niño mayor para que te acerques, como tirar cosas fuera de la cuna. Pon un límite, como: "Acuéstate, cariño, y mami irá por tu chupón. Pero primero debes acostarte". Quizá debas limitar el número de veces que le devuelvas lo que arroje. Cumple lo que digas.

- Es común ver una regresión la primera noche que alejes la silla.

- Los niños asumen rituales fácilmente. Haz cambios cada tres días; si te demoras, harás que el proceso sea más difícil para tu bebé. Si te quedas más de tres días, esperará que te quedes ahí y se enojará cuando intentes alejarte.

La cuarta noche puede ser la más difícil de estas tres noches. ¡Sigue adelante!

Noches siete a nueve

Mueve la silla a la puerta, pero quédate dentro de la habitación. Una luz tenue debe iluminarte de manera que aún pueda verte. Sigue usando las mismas técnicas para reconfortar a tu bebé desde la silla, y recuerda intervenir lo menos posible. No te preocupes si llora un poquito: sigue reconfortándolo suavemente. Sabrá que estás ahí y se quedará dormido.

Cuando tu hijo despierte durante la noche, regresa a la posición de la silla en la que estabas esa noche a la hora de dormir y reconfórtalo. Puedes acercarte a la cuna y calmarlo rápidamente, acariciarlo y decirle que se acueste (si está de pie o sentado) antes de regresar a la silla junto a la puerta. Sigue haciendo sonidos reconfortantes pero quédate en la silla todo lo que puedas. Acércate para acariciarlo un poquito o darle palmaditas si es necesario. Intenta no levantarlo a menos de que se ponga histérico; si lo levantas, sigue la técnica descrita para las tres primeras noches. Quédate en la silla junto a la puerta hasta que se duerma de nuevo.

RECORDATORIOS PARA LAS NOCHES SIETE A NUEVE

- La noche siete mueve la silla junto a la puerta dentro de la habitación.

- Si decidiste conservar protectores en la cuna, está bien doblar un lado para que tu hijo pueda verte.

- Usa tu voz para reconfortarlo.

- Lleva un diario de sueño.

- Puedes levantarte de la silla y acercarte a consolar a tu hijo si se pone histérico.

• Todas las veces que despierte por la noche puedes acercarte a la cuna a ver qué necesita tu bebé. Dile que se acueste, tranquilízalo y luego regresa a la silla.

Noches diez a doce

Mueve la silla al pasillo, con la puerta suficientemente abierta para que tu hijo pueda verte desde la cuna. La iluminación en el pasillo debe ser tenue. Quédate hasta que tu bebé se duerma.

Cuando tu hijo despierte durante la noche, regresa a la posición de la silla en la que estabas esa noche a la hora de dormir y reconfórtalo. Puedes acercarte a la cuna y calmarlo rápidamente, acariciarlo y decirle que se acueste (si está de pie o sentado) antes de regresar a la silla junto a la puerta. Sigue haciendo sonidos reconfortantes, pero quédate en la silla todo lo que puedas. Acércate para acariciarlo un poquito o darle palmaditas si es necesario. Intenta no levantarlo a menos de que se ponga histérico; si lo levantas, sigue la técnica descrita para las tres primeras noches. Quédate en la silla junto a la puerta hasta que se duerma de nuevo.

RECORDATORIOS PARA LAS NOCHES DIEZ A DOCE

• La posición de la silla para la noche diez es en el pasillo a la vista.

• La puerta de la habitación de tu hijo debe estar abierta lo suficiente para que pueda verte desde la cuna.

• Lleva un diario de sueño.

• La primera noche afuera de la habitación puede ser difícil porque no estás en el cuarto y tu hijo puede intentar cualquier cosa para que regreses. Quizás tire cosas o llore hasta que vayas; si sabe hablar, podría destaparse y llamarte para que lo tapes de nuevo. Pon un límite como: "mami te va a tapar una sola vez más y luego tú tendrás que hacerlo solo". Cumple lo que digas.

- Si has sido consistente, es probable que veas alguna mejora, como que se despierte menos por la noche y por menos tiempo. Felicidades.

- El sueño nocturno se normaliza en promedio después de siete o diez noches en niños menores a dieciocho meses, y dos o tres semanas en niños mayores. Las siestas mejoran por lo general en dos a tres semanas. Las siestas de la tarde y despertar temprano pueden tomar de tres a cuatro semanas para mejorar.

Noche trece en adelante

Es probable que tu bebé ya se quede dormido solo. El último paso es darle la oportunidad de que lo haga sin tu presencia. Quizás te parezca un gran salto, pero no lo es para él. Después de todo, ha tenido casi dos semanas de preparación. Aléjate un poco más en el pasillo para estar fuera de su vista, pero donde todavía pueda escucharte. Puedes seguir haciendo sonidos reconfortantes, pero no de manera constante, sino apenas lo suficiente para que sepa que estás cerca y al pendiente. Si llora, revísalo desde la puerta, pero no vayas a la cuna. Mantén la calma y tranquilízalo. Haz algunos sonidos reconfortantes para expresar que estás cerca y que sabes que puede dormirse solo. Si le das la oportunidad, tu bebé realmente puede quedarse dormido solo.

RECORDATORIOS PARA LAS NOCHES TRECE EN ADELANTE

- Está bien cambiar un poquito las cosas si tu hijo se molesta mucho. Por ejemplo, la primera noche puedes quedarte parcialmente a la vista, y una o dos noches después alejarte lo suficiente para que no pueda verte.

- Para este momento ya casi no despierta por la noche, y quizá sólo tengas problema con que despierta temprano. Esto es especialmente cierto si tu bebé está acostumbrado a despertarse temprano. Sé consistente y trabaja en las siestas: esta situación puede tomar de tres a cuatro semanas para mejorar.

- Recuerda que despierta temprano debido a una o más de las siguientes razones:

- La hora de ir a dormir es muy tarde.

- Privación de siestas en general.

- Una ventana de vigilia muy amplia entre la siesta de la tarde y la hora de ir a la cama. Esta ventana no debería ser mayor a cuatro horas para un niño que aún no duerme toda la noche.

- Acostar a tu bebé muy somnoliento a la hora de dormir.

Las dos partes más difíciles durante el entrenamiento para dormir son despertar temprano y las siestas de la tarde. ¡Sé consistente y esto también mejorará!

Olivia, 18 meses de edad

CAPÍTULO 9

Implementa tu plan: el Método paso a paso para un niño en su cama

Un niño suficientemente grande para dormir en una cama es grande también para obtener los beneficios de mejorar sus hábitos de sueño y sentirse orgulloso por eso. En este grupo de edad, el refuerzo positivo funciona muy bien.

Los niños que salen de la cuna muy pronto no necesariamente tienen la capacidad verbal de entender las reglas de cama de niño o niña grande (en promedio, esta capacidad se desarrolla a partir de los dos años y medio). Esto significa que el proceso tomará más tiempo y quizá debas instalar una puerta de seguridad para niños. Sé paciente y consistente. Si tu hijo está en un colchón en el piso o en una cama baja para niños, siéntate cerca de él en el piso, no en una silla.

La reunión familiar

Elige un momento cuando tu hijo esté feliz y receptivo. Un domingo por la mañana después de desayunar *hot-cakes* es mucho mejor que un martes a las 17:00 cuando no ha tomado una siesta y tiene hambre. Dile que leíste un libro de The Sleep Lady® y que aprendiste cómo pueden dormir mejor los niños. De esta manera puedes echarme la culpa por cualquier cambio o regla que no le guste. Por ejemplo, si tu hijo te ruega que te acuestes con él, puedes decirle que la Sleep Lady® dijo que no puedes hacerlo, pero que puedes quedarte con él en su habitación. Algunos niños se enojan conmigo. "¡La Sleep Lady® no puede venir a jugar conmigo!", "¡No me gusta la Sleep Lady®!". Pero cuando lo logran, cuando comienzan a sentirse bien respecto a sus nuevas habilidades para dormir mejor, algunas veces quieren llamarme por teléfono y decirme lo orgullosos que están de ellos mismos. Al final de este libro hay un certificado que puedes recortar, llenar y darle a tu hijo.

Mantén la conversación en un tono alegre y positivo. No quieres que tu hijo sienta que tiene un problema o que está haciendo algo mal. Preséntalo como si fuera tu problema y tu responsabilidad. "Mamá y papá debieron haberte enseñado antes a quedarte dormido y te pedimos perdón por no haberlo hecho. Pero la Sleep Lady® nos ayudó a entenderlo y ahora vamos a ayudarte a aprender". Explícale que los niños que se van a dormir sin discutir y que duermen toda la noche se sienten mejor en la mañana y se divierten más durante el día. Anima a tu hijo a darte ideas de cómo puede participar, quizás al decidir qué puede llevar a su cama para tocar o abrazar, o qué juego adicional le gustaría jugar por la mañana si sigue sus modales para el sueño por la noche. La idea es que se sienta parte del éxito. Quizá te sorprenda lo sensibles que son los niños respecto a los problemas para dormir, y qué tan rápido aprenden. Muchos niños se sienten aliviados cuando sus padres hablan de esto. Saben que algo no está bien, que mamá y papá están frustrados y quieren que ellos puedan dormir de otra manera. Se alegran de saber que sus padres los ayudarán a solucionar el problema.

Si piensas que lo va a ayudar, puedes darle ejemplos de algún amigo o primo mayor al que admire. Menciona algo como: "Te vamos a enseñar cómo dormirte solo y dormir toda la noche en tu propia cama, de la misma forma que tu primo Mateo, tu prima Lucía, la abuela y la tía Raquel lo hacen". Asegúrate de decir esto en una forma positiva, no en una que lo avergüence.

Explícale clara y específicamente los cambios que vienen. "Papá no se va a acostar más contigo, pero se quedará hasta que te quedes dormido". O "si vienes a nuestra cama por la noche, te diremos que te amamos y te llevaremos de regreso a tu cama, donde puedes acurrucarte con tu oso de peluche". Adapta estos comentarios a los problemas específicos de tu hijo, pero no tienes que dar muchos más detalles. Puedes presentar la idea de un gráfico de buenos modales con calcomanías para que tu hijo sepa exactamente qué conducta esperas de él.

Te recomiendo usar lo que llamo "música para despertar" o una luz con despertador. Puedes comprar un despertador barato con CD o usar tu reproductor de MP3 como despertador y que toque una canción suave a la hora en que tu hijo normalmente despierta (siempre y cuando no sea antes de las 6:00). Deja que tu hijo elija la canción o considera la canción "Good Morning!" de mi disco *The Sweetest Dreams*, escrita con este fin. Las 6:00 es lo más temprano y las 7:30 debería ser lo más tarde para que suene la música. No programes la música para las 7:30 si tu hijo tiende a despertarse a las 6:00 o más temprano. Explícale que tener ese reloj en su cuarto es muy especial y propio de adultos, y que no lo puede tocar. Prográmalo para que comience a sonar en dos minutos para mostrarle qué va a pasar. Dale un giro positivo a la conversación. Explícale que el reloj le dirá cuándo está bien salir de la cama y comenzar el día. Un extra para ti: tu hijo dejará de pasar la mañana preguntando "¿es hora para despertar?, ¿es hora para despertar?". Si la alarma suena a las 6:00 y tu hijo se queda dormido y no se levanta con ella, entonces ponla un poco más tarde y disfruta el rato de sueño.

Si no te gusta la idea de la música, puedes comprar un temporizador (se presume que los digitales son más precisos) y conectarlo a una luz en la habitación de tu hijo. Explícale que la luz se encenderá cuando sea hora de despertar. He usado esta estrategia exitosamente con niños de dieciocho meses a dos años y medio, pues la música puede ser más difícil de entender a esta edad.

Calcomanías y gráficos de sueño

A los niños de esta edad les encantan las calcomanías, estampas y estrellas, y tienden a responder muy bien si las reciben como recompensas por sus logros. A los niños pequeños les alegra recibir una estrella o una calcomanía para pegarla en un papel o llevarla en la ropa para poder presumirla. Como incentivo adicional, también puedes dejar que tu hijo elija sus propias calcomanías.

Un niño más grande por lo general prefiere un sistema de recompensas más complejo: por ejemplo, un gráfico con recuadros para cada noche de la semana que pueda decorar y que muestre su progreso. Algunos padres les dan una variedad de calcomanías, pero guardan la dorada y brillante como recompensa al final de una buena semana. Para crear un gráfico semanal, gira la página horizontalmente, escribe los días de la semana en la parte superior y los modales a la izquierda hacia abajo (hay un ejemplo en la página 111 y uno vacío que puedes recortar, copiar y usar en la página 112).

Elige cuatro o más "modales" que mejor apliquen para tu hijo. Los llamo modales en vez de "reglas" porque implican un comportamiento esperado y ser reconocido por ello. También es un recordatorio de que queremos incorporar modales en nuestra vida todo el tiempo, no solamente cuando recibimos calcomanías.

A medida que pasa el tiempo, puedes cambiar los modales si lo necesitas, pero no lo hagas muy seguido para que tu hijo no se confunda sobre sus objetivos. Usa términos positivos: "haz" en vez de "no hagas". En otras palabras, di "acuéstate en silencio en tu cama" en vez de "no hagas ruido en tu cama". A continuación te muestro algunos ejemplos:

- Acuéstate en silencio en tu cama (esto significa que no debe gritar; hablar o tararear bajito está bien).

- Quédate dormido solo sin mamá o papá acostados a tu lado.

- Vuelve a dormirte sin que mamá o papá se acuesten contigo durante la noche.

- Quédate en silencio en tu cama hasta que suene la música.

Al comienzo incluye también una meta fácil de alcanzar para que tenga al menos una estrella garantizada y el comentario positivo para motivarlo. Un ejemplo puede ser: "Cooperar a la hora de ir a dormir". Esto construye competencias y ayuda a tu hijo a saber que puede cumplir con las nuevas expectativas de sueño, y que no es muy difícil para él. Aumenta la dificultad a medida que mejore. Dile que ha hecho un trabajo tan bueno para juntar las calcomanías que ahora tiene nuevos modales en los cuales enfocarse.

Repasa sus buenos modales de sueño cada noche, incluso si no parece interesado, y repásalos de nuevo a la mañana siguiente. Dale muchos abrazos y elogios con las calcomanías. Después de una noche exitosa puedes ofrecerle una extra para que la lleve en su chamarra o en su mano para mostrársela a la abuela, la niñera, su maestra o al empleado del banco. Después de una noche no tan buena, no digas o hagas nada que lo haga sentir que falló. Dile que está bien, que puede intentar otra vez: recuérdale con gentileza los buenos modales que esperas, y que sabes que puede hacerlo.

Un comentario sobre "grandes" recompensas. A algunos padres les gusta prometer estos premios si el niño gana determinada cantidad de calcomanías. Usualmente esto no es necesario: las calcomanías, los elogios, los abrazos y el sentido de logro son suficientes. Si quieres darle una recompensa adicional, que sea algo pequeño y sé realista. Si le prometes un viaje a Disney World, ¿cómo vas a hacer para darle continuidad? ¡Es mejor prometerle un viaje a la pizzería!

El Método Sleep Lady® para niños en cama

Seré honesta contigo: hacer el Método con un niño de tres a cinco años que duerme en una cama no es tan fácil como hacerlo con un bebé de seis meses en su cuna. A pesar de que el Método es amable y gradual, los niños mayores se enfadan y resisten los cambios. Si tienes un pequeño terco en tus manos, no te enojes pero tampoco te des por vencida. Continúa recordándole que puede aprender a dormir en su cama de "niño grande" sin que mamá se acueste con él.

Durante el Método intentamos minimizar las lágrimas, pero no puedo prometer eliminarlas por completo. Por suerte, para el momento en que nuestros hijos están en preescolar, para la mayoría de nosotros es más fácil lidiar con su llanto, especialmente ahora que pueden usar palabras para comunicar sus deseos y sentimientos. Para mantener las lágrimas bajo control, consuélalo, llénalo de amor y elogios. Además de revisar reglas y expectativas cada noche a la hora de ir a la cama, también debes hacerle un cumplido durante el día por lo bien que durmió.

Noches uno a tres

Una vez que hayan terminado el baño, los cuentos, las canciones y hayan revisado el gráfico de buenos modales, siéntate en la silla o en el piso cerca de la cama de tu hijo. Acaricia o dale palmaditas a ratos si llora o se queja, pero no lo hagas constantemente o desarrollará una nueva asociación negativa y necesitará que lo acaricies constantemente para quedarse dormido. De la misma manera, no dejes que sostenga tu mano: debes controlar todo el contacto físico. Puedes ser un

CONSEJO PARA DORMIR BIEN

Algunas veces un niño más grande responde mejor si le quitan un privilegio como incentivo para mejorar su conducta de sueño (un video favorito, tiempo para estar en su computadora o ver televisión en la mañana). Este es un último recurso y debería usarse sólo cuando el niño en verdad se resiste a los cambios o aparenta que no le importa. Si tienes que utilizar esta táctica, sigue elogiando lo que sí está haciendo bien.

poco más generosa con el contacto la primera noche, cuando el sistema completo es nuevo para él, pero ten cuidado de crear un nuevo patrón a partir de la segunda noche.

Tu hijo seguramente tratará de llamar tu atención. Intenta cerrar tus ojos, lo cual no sólo transmite un mensaje claro de que es hora de dormir, sino que también te ayudará a resistir que comience una conversación o discusión filosófica sobre la naturaleza del universo. Quédate allí hasta que se quede dormido.

Algunos niños se angustian si papá o mamá no se acuestan con ellos. En la desesperación del momento, algunos padres apoyan la cabeza en la almohada al costado de su hijo. Intenta no hacerlo, pero si lo haces, que sea sólo durante la primera noche: de lo contrario, no verás mucho progreso. ¡No estarás enseñándole ninguna nueva habilidad si comparten la almohada!

Cierra tus ojos y dile "sh, sh". Si todavía intenta tocarte, tendrás que alejar la silla de la cama de manera que debas estirarte para tocarlo.

Recuerda que en tres noches más no estarás sentada a su lado y no podrás tocarlo constantemente. El objetivo es que salgas gradualmente de escena cuando se va a dormir, y no agregar más furia con cada cambio.

Cada vez que tu hijo se despierte durante la noche, responde de la misma manera. Si te llama desde su cama o se levanta y va a tu habitación, toma su mano y llévalo de regreso a la suya. Recuérdale que su música para despertar aún no ha sonado, por lo que necesita quedarse acostado en silencio en su cama y volver a dormirse. Quédate en la silla a su lado sin hablar hasta que se duerma.

RECORDATORIOS PARA LAS NOCHES UNO A TRES

- La mañana del día que comiences con el plan, despierta a tu hijo a las 7:30 si no lo ha hecho aún.

- Asegúrate de que tome una buena siesta el primer día del Método.

- Crea tus planes para la siesta, hora de dormir y de sueño nocturno siguiendo los ejemplos de las páginas 58–61.

- Crea un gráfico de buenos modales para dormir.

- Lleva un diario de sueño.

- Realiza la reunión familiar *antes* de la hora de dormir.

- La hora de dormir debe ser temprano: planea con cuidado.

- La primera posición de la silla es junto a la cama.

- No hay límite para el tiempo que debes estar sentada al lado de tu hijo durante la hora de dormir mientras se queda dormido. Minimiza tu interacción.

- Recuerda que puedes abrazar a tu hijo si se altera mucho, pero no te acuestes con él o lo abraces hasta que se quede dormido.

- Anímalo a que se tape, encuentre su oso de peluche o chupón, o tome agua por sí mismo.

- Cada vez que despierte durante la noche responde de la misma manera. Si te llama desde su cama o se levanta y va a tu habitación, toma su mano y llévalo de regreso a la suya. Recuérdale que su música para despertar aún no ha sonado, por lo que necesita quedarse acostado en silencio en su cama y volver a dormirse. Quédate en la silla a su lado sin hablar hasta que lo haga.

• ¡No te rindas antes de las 6:00! Espera hasta que suene la música para despertar y después haz un despertar dramático: sal del cuarto, cuenta hasta diez y regresa como si nada hubiera sucedido. Recuerda que si dejas que tu hijo salga de la cama y comience el día *antes* de que suene la música para despertarse, no tomará el plan seriamente. Después de todo, si tú no lo haces, ¿por qué debería hacerlo él?

• Cada mañana repasa con tu hijo el gráfico de buenos modales antes o durante el desayuno. Asegúrate de tener su atención (la televisión debe estar apagada) y dale calcomanías o estrellas si ha hecho un buen trabajo. Habla con él sobre los comportamientos que te gustaría ver más.

• Comienza el entrenamiento de las siestas el día dos.

Noches cuatro a seis

Los niños de esta edad responden mejor si saben qué esperar, además de que responden muy bien al refuerzo positivo. Dile a tu hijo que está haciendo un muy buen trabajo y que moverás la silla. Recuérdale que estarás en la habitación hasta que se duerma. *Mueve la silla a la puerta*.

Puedes decirle "sh, sh" ocasionalmente si es necesario, pero intenta estar en silencio lo más que puedas. Explícale que, una vez que se apagan las luces, no habrá más conversación.

Si se enfada o sientes que necesita ayuda para tranquilizarse, acércate a su cama, reconfórtalo y dale un abrazo. Recuérdale que no lo dejarás y que te quedarás hasta que se duerma. No dejes que se duerma en tus brazos o en tu regazo y no te acuestes con él. Sigue diciéndole que está haciendo un muy buen trabajo y que estás orgullosa de él.

Quizá tu hijo salga de su cama y vaya a tu silla. Podría tratar de llevarte a su cama o subir a tu regazo. Dale un abrazo fuerte y dile que si regresa solo a su cama, lo acompañarás para taparlo. Si lo vuelve a hacer una segunda o tercera vez, dile que será la última vez que lo harás.

Para este punto la mayoría de los niños se cansan y deciden quedarse en la cama, especialmente si entienden el mensaje de que mamá o papá estarán cerca hasta que se queden dormidos. Pero si tu hijo no deja de salir de la cama, párate y explícale claramente que, si sigue haciéndolo, tendrás que irte. Di algo como: "Si no sigues tus buenos modales para dormir y te quedas acostado en silencio en tu cama, entonces voy a tener que irme de tu habitación". Si esto no funciona, hay un par de cosas que puedes probar:

- Instala una puerta de seguridad para niños en el pasillo y siéntate del otro lado. Dale a entender a tu hijo que, si se queda en su cama, entrarás y lo taparás. Si se queda dormido en el piso cerca de la puerta, muévelo cuando esté profundamente dormido.

- Ponte de pie y dile a tu hijo que, si no se queda acostado en silencio, te irás y cerrarás la puerta. Cuenta hasta tres y dale una oportunidad para que regrese a la cama. Si no lo hace, sal de la habitación y cierra la puerta, quédate del otro lado y cuenta hasta diez. Abre la puerta y dile tranquilamente: "Si regresas a la cama, volveré a sentarme en tu habitación". Es muy probable que se meta en la cama enseguida porque quiere que te quedes en su cuarto. Algunos niños en edad preescolar pondrán a prueba los límites de los padres para ver si cumplen con lo que dicen; si eso sucede, cuenta hasta tres nuevamente, sal de la habitación, cierra la puerta y continúa el proceso. Algunos padres tendrán que hacer esto unas cuantas veces hasta que su hijo los tome en serio y se quede en la cama.

Cada vez que tu hijo se despierte durante la noche responde de la misma manera. Si te llama desde su cama o se levanta y va a tu habitación, toma su mano y llévalo de regreso a la suya. Si te llama desde la puerta, dile que irás a taparlo si se acuesta solo. Recuérdale que su música para despertar aún no ha sonado, por lo que necesita quedarse acostado en silencio en su cama y volver a dormirse. Quédate en la silla a su lado sin hablar hasta que se duerma.

RECORDATORIOS PARA LAS NOCHES CUATRO A SEIS

- La posición de la silla es en la habitación al lado de la puerta.

- Revisa el gráfico de buenos modales a la hora de dormir.

- Lleva un diario de sueño.

- Es normal ver una regresión la primera noche que alejes la silla.

- Todavía se despertará por la noche, pero aun así debes mover la silla a la puerta en la cuarta noche.

- Puedes acercarte a la cama de tu hijo para reconfortarlo si llora histéricamente. No te quedes por mucho tiempo para no crear un nuevo hábito como acariciarlo hasta que se quede dormido. ¡Esto pasa muy fácilmente!

- Ten cuidado con los intentos de tu hijo para que te acerques a su cama, como destaparse y pedirte que lo vuelvas a tapar. Establece un límite en cuanto al número de veces que lo harás: "Sólo te taparé dos veces, cariño". Anímalo a que se tape, encuentre su oso de peluche o chupón, o tome agua por sí mismo (deja su taza a su alcance).

- Cada vez que tu hijo se despierte durante la noche responde de la misma manera. Si te llama desde su cama o se levanta y va a tu habitación, toma su mano y llévalo de regreso a la suya. Recuérdale que su música para despertar aún no ha sonado, por lo que necesita quedarse acostado en silencio en su cama y volver a dormirse. Quédate en la silla a su lado sin hablar hasta que se duerma.

- ¡No te rindas antes de las 6:00! Espera hasta que suene la música para despertar y después haz un despertar dramático: sal del cuarto, cuenta hasta diez y regresa como si nada hubiera sucedido.

- Cada mañana repasa con tu hijo el gráfico de buenos modales antes o durante el desayuno. Asegúrate de tener su atención y dale calcomanías o estrellas si ha hecho un buen trabajo. Enfócate en el comportamiento que te gustaría ver más.

Noches siete a nueve

Dile a tu hijo que está haciendo un muy buen trabajo y explícale que vas a mover la silla una vez más. Muéstrale dónde va a estar: en el pasillo donde él puede verte desde su cama. Sigue usando las mismas técnicas de apoyo, e intervén lo mínimo posible. Quizás llore un poquito, pero consuélalo y se quedará dormido. Si insiste en levantarse para ir contigo, dile que irás a taparlo, pero primero debe volver a la cama solo. Si se acuesta en el piso, ignóralo. Llévalo a su cama si se queda dormido.

Si todavía se levanta de la cama y va al pasillo contigo, considera instalar una puerta de seguridad para niños (si no has instalado una). Explica a tu hijo que la puerta está ahí para recordarle sus modales para dormir y ayudarlo a que se quede en su cama en silencio. Menciona también que, una vez que siga sus modales por una semana entera (al menos), quitarás la puerta. Asegúrate de explicarle que no puede tratar de trepar la puerta pues es peligroso (estarás sentada al lado de la puerta, por lo que podrás ver si intenta hacerlo).

Si instalas la puerta, toma asiento del otro lado a la hora de acostar a tu hijo y cada vez que se despierte de noche. No saltes la puerta para abrazar o reconfortar a tu hijo hasta que no haya regresado solo a su cama. Si no has instalado la puerta y tu hijo va a tu habitación, toma su mano y llévalo de regreso a la suya. Recuérdale que su música para despertar aún no ha sonado, por lo que necesita quedarse acostado en silencio en su cama y volver a dormirse. Tápalo y quédate en la silla hasta que se duerma.

RECORDATORIOS PARA LAS NOCHES SIETE A NUEVE

- Mueve la silla al pasillo, *donde tu hijo pueda verte desde su cama*.

- Usa tu voz para reconfortarlo.

- A su hora de ir a dormir, revisa el gráfico de buenos modales.

- Lleva un diario de sueño.

• Mover la silla al pasillo puede ser difícil porque ya no estás en la habitación. Quizá tu hijo intente todos los trucos posibles para que regreses a su cuarto, incluyendo llorar, tirar cosas o patear su manta para rogarte que vuelvas a taparlo. Establece un límite, como: "mamá va a taparte una vez más y luego tú tendrás que hacerlo solo". Cumple con lo que le has dicho.

• Cada vez que tu hijo se despierte durante la noche responde de la misma manera. Si no has instalado la puerta y tu hijo va a tu habitación, toma su mano y llévalo de regreso a la suya. Recuérdale que su música para despertar aún no ha sonado, por lo que necesita quedarse acostado en silencio en su cama y volver a dormirse. Tápalo y quédate en la silla hasta que lo haga.

• Si te llama por la noche desde la puerta de seguridad de su habitación, ve con él y dile que la música no se ha encendido aún y que irás a su cuarto para taparlo, pero que primero debe acostarse solo y quedarse ahí. Si se queda dormido en el piso cerca de la puerta, muévelo cuando esté profundamente dormido.

• ¡No te rindas antes de las 6:00! Espera hasta que suene la música para despertar y después haz un despertar dramático. Si ya estás sentada en el pasillo porque se despertó temprano, reconoce que la música acaba de sonar y que es hora de levantarse. Recuerda que si dejas que tu hijo salga de la cama antes de que suene la música para despertarse, no la tomará seriamente.

• Cada mañana repasa con tu hijo el gráfico de buenos modales antes o durante el desayuno. Asegúrate de tener su atención y dale calcomanías o estrellas si ha hecho un buen trabajo. Enfócate en el comportamiento que te gustaría ver más.

Noches diez a doce

Aleja la silla en el pasillo para que estés fuera de vista pero que él pueda escucharte. Haz sonidos de "sh, sh" desde el pasillo con la frecuencia suficiente para que tu hijo sepa que estás cerca. Si se levanta a buscarte, llévalo a su cama de regreso. Si aún no lo has hecho, instala una puerta de seguridad para niños en su habitación si se levanta muchas veces.

Si tu hijo se enfada, toma este paso gradualmente. Por ejemplo, puedes sentarte de tal forma que pueda verte a medias y una o dos noches después moverte completamente fuera de su vista.

Si te llama desde su cama o se levanta durante la noche y va a tu habitación (si no has instalado una puerta de seguridad), toma su mano y llévalo de regreso a la suya. Hazle ver que su música para despertar aún no ha sonado, y recuérdale que debe volver a dormirse. Tápalo y siéntate en silencio en el pasillo hasta que se duerma. Si el sueño de tu hijo ha mejorado lo suficiente (se despierta menos y por periodos más cortos) y su cuarto está cerca del tuyo, puedes volver a tu cama y reconfortarlo desde allí. Si te llama por la noche desde la puerta de seguridad de su habitación, ve con él y recuérdale que la música no se ha encendido aún; dile que irás a su cuarto para taparlo si regresa a la cama y se queda ahí. Si se queda dormido en el piso cerca de la puerta, muévelo cuando esté profundamente dormido.

RECORDATORIOS PARA LAS NOCHES DIEZ A DOCE

- La posición de la silla en la noche diez es en el pasillo, fuera de vista.

- Usa tu voz para reconfortar a tu hijo si es necesario. Ten cuidado de no hablar o cantar constantemente hasta que tu hijo se duerma.

- Revisa el gráfico de buenos modales para dormir a la hora de ir a dormir.

- Lleva un diario de sueño.

- Si tu hijo se acerca a la puerta para comprobar que estás en el pasillo como prometiste, y después regresa a la cama por sí mismo, ignóralo.

- Cada vez que tu hijo se despierte durante la noche, responde de la misma manera. Si te llama desde su cama o se levanta durante la noche y va a tu habitación, toma su mano y llévalo de regreso a la suya. Hazle ver que su música para despertar aún no ha sonado y recuérdale que debe volver a dormirse. Tápalo y quédate en silencio en la silla (o regresa a tu cama si tu habitación está suficientemente cerca para reconfortarlo desde allí).

• Si te llama por la noche desde la puerta de seguridad de su habitación, ve con él y recuérdale que la música no se ha encendido aún; dile que irás a su cuarto para taparlo si regresa a la cama y se queda ahí. Si se queda dormido en el piso cerca de la puerta, muévelo cuando esté profundamente dormido.

• ¡No te rindas antes de las 6:00! Espera hasta que suene la música para despertar y después haz un despertar dramático. Si ya estás sentada en el pasillo porque se despertó temprano, reconoce que la música acaba de sonar y que es hora de comenzar el día. Recuerda que si dejas que tu hijo salga de la cama antes de que suene la música para despertarse, no la tomará seriamente.

• Cada mañana repasa con tu hijo el gráfico de buenos modales antes o durante el desayuno. Asegúrate de tener su atención y dale calcomanías o estrellas si ha hecho un buen trabajo. Enfócate en los comportamientos que te gustaría ver más.

• Si has sido consistente, tu hijo debe despertarse considerablemente menos durante la noche y quizás ahora estés lidiando con que se despierte más temprano. Esto puede ser especialmente cierto si tu hijo estaba acostumbrado a despertarse muy temprano. Este hábito puede tomar de tres a cuatro semanas en mejorar. Lee más acerca de esta conducta en el capítulo "Solución de problemas" en las páginas 86–94.

RECUERDA QUE DESPIERTA TEMPRANO DEBIDO A UNA O MÁS DE LAS SIGUIENTES RAZONES:

• La hora de ir a dormir es muy tarde.

• Privación de siestas en general.

- Demasiado tiempo entre la siesta de la tarde y la hora de ir a la cama (la ventana promedio es de cuatro a cinco horas para un niño que duerme bien).

- Acuestas a tu bebé muy somnoliento a la hora de dormir.

Noche trece

Una buena cantidad de niños comienzan a quedarse dormidos y dormir mejor entre las noches diez y catorce; en ocasiones, antes. Pero la mayoría de los padres deben tomar un paso más: deshacerse de la silla y dejar al niño solo por intervalos de cinco minutos, o lo que llamo "revisiones". Para hacer esto dile a tu hijo que seguirás revisándolo desde la puerta hasta que se quede dormido.

Es probable que tu hijo no sepa cuánto tiempo es cinco minutos. Puede sonar como mucho tiempo, así que explícale exactamente dónde estarás durante ese tiempo y qué estarás haciendo (lavándote los dientes, cambiándote de ropa, doblando la ropa recién lavada). Regresa siempre según lo prometido y revísalo desde la puerta.

Tu hijo ha tenido casi dos semanas de preparación para este momento. Ha abandonado algunas de sus asociaciones negativas y ha ganado bastante independencia para dormir. Es suficientemente grande para entender que estás cerca, incluso si no te ve. No te vayas muy lejos: quédate en el mismo piso, en una habitación cercana o lee un libro durante las primeras noches. Gradualmente puedes alejarte un poquito más. Si llora, volverás en cinco minutos para reconfortarlo. Procura no ir a su puerta con más frecuencia, pues eso lo estimulará y enfadará más si tiene que decirte buenas noches cada dos minutos.

A diferencia de un enfoque en el que tu hijo llora hasta quedarse dormido, no necesitas agrandar los intervalos de tiempo por más de cinco minutos. La única excepción es si crees que cinco minutos es poco tiempo para tu hijo: que verte y separarse cada cinco minutos hace que se enfade mucho más. Experimenta y observa si revisarlo cada diez o quince minutos lo ayuda.

CAPÍTULO 10

Solución de problemas

Vivimos en un departamento de un solo dormitorio y nuestro bebé duerme en nuestra habitación. ¿Podemos hacer el entrenamiento de sueño?

¡Por supuesto! Las posiciones de la silla a la hora de dormir pueden ser las mismas que las explicadas en este libro, excepto por la noche a partir de la noche cuatro. Cuando tu hijo se despierte después de tus primeras tres noches junto a la cuna, ve a su lado para reconfortarlo y luego vuelve a tu cama y usa tu voz para calmar a tu bebé. Puedes sentarte en la cama para que pueda verte más fácilmente.

Algunos trucos:

- Coloca la cuna cerca de tu cama y luego aléjala al comienzo del Método.

- Usa una pantalla o un muro improvisado con una cortina colgada del techo.

Necesito hacer el entrenamiento con más de un niño y están en habitaciones separadas. ¿Es posible?

¡Sí! Por ejemplo, el entrenamiento simultáneo de sueño para un bebé o un niño en edad preescolar es más fácil si ambos padres (o dos cuidadores) están disponibles a la hora de dormir. Elige una noche (o idealmente varias noches seguidas) cuando tú y tu pareja estén en casa a la hora de dormir, o invita a una amiga o familiar para ayudarte. Un padre debe acostar al bebé y el otro al niño más grande usando las técnicas del Método. Si no hay otra persona disponible para ayudarte, entonces sigue el entrenamiento un niño a la vez. Comienza con el bebé, pues se acuesta más temprano. Planea una actividad tranquila para el niño mayor, como un video no muy estimulante, mientras haces el Método con el bebé a la hora de dormir.

Estoy preocupada de que el niño al que estoy entrenando para dormir mejor despierte a mi otro hijo. ¿Qué hago?

Esta es una preocupación muy común. Muchos padres corren a consolar a un niño con tal de no molestar al otro. Procura no caer en esta trampa: hará que uno de los niños despierte reiteradamente por la noche al reforzar las asociaciones negativas del sueño de uno o ambos niños. Si un niño despierta al otro, comienza con el mayor. Por ejemplo, si estás trabajando con un bebé de seis meses y despierta al niño de dos años en el proceso, ve a ver al niño y dile que el bebé está bien y que vuelva a dormirse; *después* atiende al bebé de seis meses. Si ambos padres están en casa, divídanse y vaya uno de ustedes con cada niño. No entres en pánico y no inicies hábitos negativos que después debas cambiar, como acostarte con él para que se vuelva a dormir rápidamente y en silencio. Recomiendo usar una máquina de ruido blanco

Nicholas, 2 años de edad

en la habitación del niño mayor para bloquear el ruido de otras cosas que sucedan en la casa. La compañía Marpac fabrica buenas máquinas, o también puedes usar un ventilador.

Mis hijos comparten la habitación. ¿Cómo puedo hacer el entrenamiento con ellos?

Hay varios escenarios posibles:

• Si necesitas entrenar a un bebé que duerme en una cuna en tu habitación, pero que compartirá el cuarto con un hermano mayor, te sugiero que modifiques el Método: haz el entrenamiento en tu cuarto y después llévalo a la habitación que compartirán.

• Si tus hijos ya comparten la habitación, una opción es sacar al niño mayor temporalmente hasta que el bebé duerma toda la noche de manera consistente. Esta opción funciona bien si el hermano mayor ya tiene buenos hábitos de sueño. Esto puede significar que duerma en una cama improvisada en tu habitación. Explícale a tu hijo mayor que este cambio es temporal: solamente hasta que el bebé aprenda a dormirse por sí mismo. Mientras tanto explícale que no habrá charlas o juegos con el bebé cuando regrese a la habitación compartida. Dile que compartir el cuarto es especial y que es importante tener buenos "modales para dormir".

• Si entrenas a dos niños al mismo tiempo (hermanos o mellizos) que comparten la habitación (sin importar si están en camas o cunas), todavía puedes hacer el entrenamiento al mismo tiempo usando las técnicas del Método. A menudo un padre se sentará entre las camas o cunas y se acercará a cada una según sea necesario para confortar a cada niño. Si ambos padres están disponibles, cada uno puede sentarse junto a la cama o cuna de un niño durante la primera posición del Método. Para las siguientes posiciones, sólo será necesaria la presencia de uno de los padres.

¿Debo decirle a mi hijo mayor que estaré entrenando a su hermano menor?

Sin duda. Explica a tu hijo mayor lo que sucede y ayúdale a sentirse parte del proceso. Dependiendo de su edad y sus propios hábitos de sueño, quizá puedas decirle que es un modelo de cómo dormir bien para el bebé. Dile que el bebé tiene que aprender cómo dormirse solo, justo como su hermano mayor lo hace. Explícale que cuando el bebé aprenda, no llorará tanto, pero mientras tanto deberás estar con el bebé o tendrás que ir a revisarlo. El niño mayor te dejará ir más fácilmente si siente que es tu aliado.

¿Qué sucede si mi hijo se enferma durante el entrenamiento?

No abandones el programa por completo: si puedes, mantén la posición del Método hasta que se sienta mejor. Si crees que es necesario que te acerques, regresa junto a su cuna o cama como hiciste las tres primeras noches del Método. Una vez que se sienta mejor, mueve la silla al lado de la puerta. No extiendas esto o será más difícil para él. Si tu hijo se enferma justo después de terminar el entrenamiento, probablemente retroceda un poco y quizá tengas que hacer una versión abreviada del Método para que vuelva a dormir toda la noche otra vez.

Si tu hijo se enferma, responde inmediatamente cuando llore de noche. Haz lo que sea necesario: dale su medicina, aspira su nariz, limpia si vomitó. Abrázalo y reconfórtalo tanto como pienses que necesita, aún si retrocede unos días el entrenamiento. Cálmalo y cuídalo, pero procura que no retroceda por completo.

Mi hijo se despierta siempre antes de las 6:00. ¿Qué está pasando?

Es probable que tu hijo se esté acostando muy tarde, duerma poco durante el día, esté despierto por mucho tiempo entre su siesta de la tarde y la hora de irse a dormir, o que esté muy somnoliento cuando lo acuestas. Consulta su diario de sueño para asegurarte de que duerma lo necesario durante el día y se vaya a la cama temprano, y suficientemente despierto para aprender a dormirse solo. Los niños de hasta cinco años generalmente deben irse a la cama entre las 19:00 y las 20:00.

Si tu hijo tiene más de seis meses y se ha despertado antes de las 6:00 por varios meses, se ha establecido un patrón que probablemente tome de tres a cuatro semanas para cambiar.

Vas a tener que trabajar en las siestas y la hora de acostarse al mismo tiempo que en su hábito de despertar temprano.

Qué hacer:

• Instala cortinas que no dejen pasar la luz. Esto puede hacer una gran diferencia.

• Cuando tu hijo se despierte, ve a su habitación —por ejemplo a las 5:00— y dile: "todavía no es hora de despertar". Hazle ver que la música o la luz para despertar no se han encendido (si estás usando alguna). Dependiendo de la edad de tu hijo, puedes decirle: "mamá y papá están durmiendo".

• Si estás en el proceso del Método, retoma la posición de la silla después de tu revisión inicial hasta que suene la música para despertar.

• Si crees que quedarte en la habitación de tu hijo cuando se despierta muy temprano hace que permanezca despierto, considera salir del cuarto. En este caso, ve a su cuarto cuando se despierte, recuérdale su música para despertar, ofrécele su objeto de seguridad, consuélalo física y verbalmente y luego sal de la habitación. Haz que la visita sea corta para no despertarlo más. Haz revisiones cada quince o veinte minutos hasta las 6:00 para tu visita final. En ese momento entra a su habitación y dile: "¡Buenos días! Se encendió tu música para despertar". Abre las cortinas alegremente y levanta a tu hijo para comenzar el día. No menciones o hables sobre las visitas anteriores. Actúa como si nada verdaderamente importante hubiera sucedido. Con esta rutina le das el siguiente mensaje: levantarte no tiene nada que ver con el tiempo que has estado llorando, sino que es hora de despertarse.

Si prefieres no usar la música para despertar y si tu hijo tiene tres años o más, puedes usar un simple reloj y dibujar cómo se ven las 6:00 en la carátula. Deja el dibujo al lado del reloj para que pueda verlo fácilmente desde su cama. Recuérdale cada noche que debe quedarse en su cama hasta las 6:00.

En mi experiencia, usar un radio reloj con CD o una luz con temporizador es más fácil de entender para un niño. Recuérdale que debe quedarse en la cama hasta que la música o la luz se enciendan. Algunos padres han tenido éxito al usar la luz con niños de dos años de edad.

¿No podría arreglar su hábito de despertar temprano al acostar a mi hijo más tarde?

¡Desafortunadamente no! La única manera para que esto funcione es si lo siguiente aplica:

- Tu hijo toma "buenas siestas" (de acuerdo con su edad).

- Tu hijo se ve descansado y contento durante el día aun si duerme menos por la noche que el promedio para su edad.

- Tu hijo duerme toda la noche y no está afuera del promedio para su edad por más de una hora.

- Tu hijo se ve descansado y listo para comenzar su día a las 6:00 y puede llegar a la hora de la siesta sin estar muy somnoliento.

Mi hijo moja mucho el pañal por la noche. ¿Qué puedo hacer?

Usa pañales súper absorbentes por las noches o pañales de talla más grande para ponerle una toallita absorbente adentro. Esto también puede ayudar en viajes largos de auto o avión. Si *tienes* que cambiar el pañal de tu hijo y lo haces rápido, quizá puedas quitarle el pañal mojado mientras está dormido en su cuna o cama. Si tu hijo tiene más de dos años, habla con tu pediatra para descartar apnea infantil del sueño, que puede incrementar el número de veces que moja la cama.

Mi hijo evacúa cada vez que lo acuesto en su cuna. ¿Qué debo hacer?

Algunos niños ensucian el pañal tan pronto como los acuestas por la noche o a la hora de la siesta; algunos padres están convencidos de que es intencional, que el niño sabe que lo sacarás de la cuna. Obviamente necesitas cambiar el pañal, pero hazlo de la manera más silenciosa posible con una luz tenue. Si es posible, cámbialo en su cama o cuna y luego dale su oso de peluche y regresa a la posición del Método. Si esto sucede a la hora de la siesta, cámbialo, pero considera esta como una siesta muy corta y sigue las sugerencias del capítulo "Entrenamiento de siestas". Si esto pasa a las 5:00, cámbialo y sigue las sugerencias para niños que se despiertan temprano. A los niños les cuesta trabajo volver a dormirse después de una siesta de treinta minutos y un cambio de pañal, o después de cambiarles el pañal a las 5:00. Quizá veas algunas lágrimas, pero sé consistente y reconfortante. Si completaste el Método y sientes que tu hijo necesita un poquito más de consuelo que lo normal para volver a dormirse después de cambiarle el pañal, entonces está bien sentarse un poco más cerca esa noche si piensas que eso lo ayudará. La noche siguiente vuelve a tu posición usual.

Mi niño vomita cuando lo pongo en su cuna. ¿Qué debo hacer?

Muchos padres se preocupan de que sus bebés vomiten si los dejan llorar por mucho tiempo, particularmente si el niño tiene o ha tenido reflujo. Podría ser el caso si dejas al niño a que llore solo, pero rara vez pasa cuando uno de los padres se queda en la habitación y practica mi método, más suave y gradual. Para reducir este problema, no alimentes a tu bebé antes de ir a dormir.

Algunos niños —incluso bebés más grandes— vomitan a propósito porque saben que los padres se preocuparán y los sacarán de sus cunas. Si ves a tu hijo tratando de vomitar (¡algunos niños pueden hacerlo sin usar los dedos!), dile firmemente: "¡no!" y reconfórtalo inmediatamente. Si vomita, limpia tan rápido como sea posible y dale mínima atención. Utiliza toallitas húmedas o un trapo, si es posible, en lugar de levantarlo para darle un baño. No enciendas las luces.

Algunos padres dejan sábanas extra en el piso para los niños que tienden a vomitar sobre el barandal de la cuna. Esto facilita la limpieza pues puedes enrollarla y ponerla a lavar. Luego reconforta a tu hijo para que se vuelva a dormir. Recuerda que no quieres darle el mensaje de que lo sacarás de su cuna si vomita y no tendrá que irse a dormir.

Obviamente esto no aplica para un niño que está enfermo. En este caso debes reconfortarlo y seguir las indicaciones de tu doctor para mantenerlo hidratado.

Tengo un bebé muy alerta e inteligente. ¿Cómo afectará esto en el entrenamiento?

En ocasiones los niños que son inusualmente alertas e inteligentes tienen dificultades para aprender a dormir mejor. Son niños que alcanzan hitos de desarrollo antes que otros y tienden a dormir de manera fragmentada. En cuanto a su temperamento, estos niños saben lo que quieren y cuándo lo quieren, y no se rinden hasta conseguirlo. Si esto suena como tu hijo, asegúrate de no caer en la trampa de creer que necesita dormir menos que el promedio. Le debe costar más tiempo desconectarse del mundo para poder quedarse dormido. Para ayudar en las siestas usa cortinas que oscurezcan la habitación y ruido blanco de fondo. Observa muy de cerca las ventanas de sueño de tu bebé.

Mi niño no se puede tranquilizar cuando estoy sentada junto a su cuna. ¿Qué debo hacer?

Si después de algunas noches estás totalmente convencida de que tu presencia en la habitación de tu hijo es demasiado estimulante para él o encuentras que es muy difícil para ti ser consistente, entonces te sugiero que le pidas a tu pareja que lo intente o que salgas de la habitación y revises periódicamente a tu hijo. No hay una regla mágica sobre qué tan seguido o cuántas veces debes revisarlo, y quizá debas experimentar un poquito. Si lo revisas muy pronto, puede pensar que es un juego y se estimulará más. Si esperas mucho, tu hijo puede molestarse mucho. Te sugiero que comiences con intervalos de siete minutos y gradualmente incrementes el tiempo, pero sigue tus instintos y haz los ajustes necesarios: este no es un método que funcione de la misma manera para todos los niños. Cuando revises a tu hijo, entra a su cuarto y ve a su cuna. Tócalo rápidamente para consolarlo, pero no te quedes por mucho tiempo. Si le das palmaditas durante media hora hasta que se quede dormido, estarías haciendo lo opuesto a tu propósito.

Hay otra variante: algunas veces el Método funciona bien por las noches, pero no para las siestas. El niño está más despierto y es más probable que intente llamar tu atención. Siéntete libre de apegarte al Método por la noche y recurrir a las revisiones periódicas que describí antes para las siestas si crees que funciona mejor.

Recomendaciones para que los bebés duerman de forma segura

A continuación encontrarás algunas recomendaciones de seguridad para tu bebé a la hora de dormir. La mayor parte de esta información proviene de la Academia Estadounidense de Pediatría y la asociación First Candle, dedicada a embarazos seguros y la supervivencia de los bebés durante el primer año de vida. Me gustaría enfatizar que estos consejos son principalmente para niños sanos. Siempre habla con tu doctor, en particular si tu hijo fue prematuro o tiene algún problema médico o circunstancias únicas. Las recomendaciones han cambiado con el paso del tiempo a medida que sabemos más sobre seguridad infantil y desarrollo, y bien podrían cambiar de nuevo. Por este motivo, te sugiero que consultes frecuentemente con tu doctor las medidas de seguridad. Quizá encuentres información contradictoria en sitios web sobre crianza y salud. Un buen lugar para aclarar dudas es el sitio de la Academia Estadounidense de Pediatría: http://healthychildren.org/spanish/

- De espaldas para dormir. Acuesta siempre a tu bebé bocarriba para dormir la siesta o por la noche. Dormir de lado o bocabajo no es seguro. Esto es absolutamente esencial para reducir el riesgo de síndrome de muerte súbita del lactante (SMSL). Una vez que tu bebé gire constantemente hacia adelante y atrás, no podrás mantenerlo bocarriba todo el tiempo, a menos de que esa sea su posición preferida para dormir. Asegúrate de que tenga suficiente espacio para moverse y que no haya artículos que no sean seguros en su cuna. Los artículos no seguros incluyen colchas, cobijas sueltas, ropa de cama suave, almohadas y protectores que se les parezcan, además de muñecos de peluche o juguetes con piezas que se puedan desprender.

• Los bebés deben dormir en una superficie firme —como un colchón de cuna aprobado por su seguridad— cubierta con una sábana ajustada. Nunca acuestes a un bebé sobre almohadas, colchas, pieles de cordero o cualquier otra superficie blanda. Los bebés nunca deben dormir en la cama de un adulto, camas de agua, sillones o colchones blandos.

• Ten cuidado al comprar o usar una cuna, moisés o cuna de colecho de segunda mano, incluso si han estado en la familia por años. Por favor, consulta a las organizaciones de salubridad de tu comunidad.

• Encontrarás numerosos productos en el mercado que aseguran ayudar al bebé a dormir en una posición segura, pero su seguridad y eficacia no han sido probadas en muchos casos, por lo que no son recomendados. En general trata de evitarlos. Si tienes alguna preocupación en particular acerca de la posición o el movimiento de tu hijo al dormir, habla con tu doctor.

• La cuna debe colocarse en un lugar templado y oscuro de la habitación, lejos de las ventanas. Las cobijas no deben colgar por el costado de la cuna y todo el cortinaje y tapiz debe estar fuera del alcance del bebé para que no lo pueda jalar. Mantén objetos blandos, juguetes y ropa de cama suelta lejos del área donde duerme tu bebé. No uses almohadas, cobijas, colchas, pieles de cordero o protectores parecidos a almohadas (salvo la pequeña manta con la que envuelves a un recién nacido y que debe estar lejos de su cara). Todos estos artículos representan un riesgo de sofocación.

• Cuando tu bebé cumpla seis meses, quita los móviles y juguetes de los barandales de la cuna: una vez que el bebé pueda jalar y sostener, se convertirán en un peligro. De hecho, prefiero que los móviles estén lejos de la cuna todo el tiempo. Úsalos en otro lugar cuando tu bebé esté despierto. Haz que la cuna o área para dormir sea "aburrida" y segura.

• No dejes que tu bebé se sobrecaliente mientras duerme. La temperatura de la habitación debe ser cómoda para un adulto vestido con ropa ligera. Una vez que dejas de envolver a tu bebé, usa un saco de dormir de microfibra o un mameluco. Si la habitación es fría, usa dos sacos de dormir o ponle uno sobre el pijama.

• Recuerda que la Academia Estadounidense de Pediatría recomienda enfáticamente que no fumes cerca de tu bebé y que no permitas que nadie lo haga. La exposición al tabaco puede incrementar el riesgo de SMSL y otras enfermedades respiratorias.

• La Academia Estadounidense de Pediatría recomienda que los bebés *no* duerman en una cama, sillón o silla con adultos u otros niños. Está bien tener a tu bebé cerca en tu habitación, en particular durante los primeros meses (lee mis consejos sobre cómo compartir la habitación en *Good Night, Sleep Tight* para más información). Si llevas a tu bebé a tu cama para amamantarlo, vuelve a acostarlo en un área para dormir separada, como su moisés, cuna o cuna de colecho (una cama infantil que se anexa a una cama para adultos) cuando termines. Cuando comience a darse vuelta y moverse mientras duerme, es conveniente que lo muevas a una cuna convencional para que duerma mejor y más seguro.

Recuerda que las camas que son perfectamente seguras y cómodas para adultos o niños mayores pueden ser muy peligrosas para un bebé. Las sábanas suaves y otros artículos en la cama de un adulto pueden incrementar el riesgo de SMSL y sofocación, especialmente en bebés pequeños. Un bebé o un niño pequeño también puede caerse de la cama o quedarse atrapado entre el colchón y la estructura de la cama (la cabecera, el estribo, los rieles laterales o el marco), entre la cama y la pared o los muebles cercanos e incluso entre los rieles de la cabecera. Se han documentado muertes por estas razones.

Si eliges tener a tu bebé en la cama familiar, es importante que entiendas todas las reglas de seguridad para compartir la cama y que *siempre las sigas*. Los padres que tienen a su hijo en la cama —aunque sea sólo por una parte de la noche— no deben fumar o consumir sustancias como alcohol o medicamentos (esto incluye medicamentos de prescripción que provoquen sueño pesado) que puedan impedir que despierten o pierdan la noción de las necesidades o ubicación del bebé en la cama.

- El chupón puede reducir significativamente el riesgo de SMSL (consulta www.firstcandle.org), además de calmar a los bebés. Habla con tu pediatra sobre cómo comenzar —y detener— el uso del chupón. Varios doctores aconsejan usar un chupón limpio cuando el bebé se va a dormir, pero no debes forzar a tu bebé a usarlo. Si estás amamantando, espera entre cuatro y seis semanas antes de introducir el chupón. Algunos padres dejan el chupón después de seis meses para que el bebé no se acostumbre a quedarse dormido con algo en la boca (las recomendaciones médicas han cambiado frecuentemente con el paso del tiempo; asegúrate de mencionar este tema a tu doctor y una vez más a medida que crezca tu hijo).

CAPÍTULO 11

Diferencias culturales y de estilo de vida

Material adicional escrito por Patricia Beltrán y Lucía Sabau de A la Camita

Hasta ahora has aprendido mucho sobre el sueño. Tienes la información para ayudar a tu hijo a dormir mejor durante la noche y sus siestas; has entendido sus necesidades de sueño, su importancia y cómo funciona el Método Sleep Lady®. Sin embargo, si llegaste a este capítulo del libro probablemente todavía haya algo que no te cuadra y quizá todavía no es muy claro cómo adaptar horarios y ciertas situaciones a tu dinámica familiar y estilo de vida. En este capítulo tratamos de ofrecer algunas alternativas; por ejemplo, cómo ajustar horarios en culturas en las que la hora de la comida es posterior a la que contempla este libro, cómo beneficiarse de ayuda adicional (como cuidadoras nocturnas, empleadas domésticas o nanas), qué hacer para adaptarse a las rutinas de las guarderías y cómo ajustar los horarios si vives en una ciudad de tránsito pesado y pasas mucho tiempo en el coche.

1. Crea un plan que crezca con tu hijo en una cultura en la que la comida principal es alrededor de las 14:30 – 15:00

A. SEIS A OCHO MESES

La Organización Mundial de la Salud (OMS) recomienda introducir sólidos en la dieta de un bebé a los seis meses. Consulta a tu pediatra y procura alimentar a tu hijo a la misma hora en que tú comes. Sigue las indicaciones de tu doctor respecto a la cantidad de sólidos y el momento en que se los debes dar a tu bebé.

7:00 – 7:30	Despertar y primer alimento inmediatamente después.
9:00 – 9:30	Siesta 1 (duración máxima: una hora y media).
10:30 – 11:30	Refrigerio de media mañana o pecho o biberón.
12:30 – 13:00	Siesta 2 (una hora y media a dos horas).
14:30 – 15:00	Sólidos o pecho o biberón.
15:30 – 16:30	Siesta 3 (cuarenta y cinco a sesenta minutos máximo, no queremos comprometer el sueño de noche).
18:00	Empieza la rutina para dormir.
18:30	Sólidos o pecho o biberón.

19:00 – 19:30 Hora de dormir; incluye una breve canción o cuento antes de acostarlo somnoliento pero despierto. Procura esperar al menos diez minutos después de amamantarlo o darle biberón para asegurarte de que no se quede dormido mientras come y que no esté tan somnoliento como para no darse cuenta de lo que está sucediendo. Si después de unos días *se sigue* quedando dormido con el biberón o en el pecho, vale la pena hacer esta toma entre diez y quince minutos más temprano.

B. NUEVE A DIECIOCHO MESES

A medida que tu hijo crece y se acerca a los dieciocho meses, su dieta se compondrá principalmente de sólidos. Ajusta sus horarios de alimentación a los del resto de la familia.

7:00 – 7:30	Despertar y primer alimento de quince a treinta minutos después.
8:00 – 8:30	Desayuno.
9:00 – 9:30	Siesta 1 (duración máxima una hora y media; a medida que tu hijo crezca deberás limitarla hasta que dure una hora).
11:00 – 11:30	Refrigerio de media mañana o pecho o biberón.
13:00 – 13:30	Siesta 2 (una hora y media a dos horas).
14:30 – 15:00	Sólidos o pecho o biberón.
18:00	Empieza la rutina para dormir.
19:00 – 19:30	Hora de dormir; incluye una breve canción o cuento antes de acostarlo somnoliento pero despierto. Procura esperar al menos diez minutos después de amamantarlo o darle biberón para asegurarte de que no se quede dormido mientras come y que no esté tan somnoliento como para no darse cuenta de lo que está sucediendo. Si después de unos días *se sigue* quedando dormido con el biberón o en el pecho, vale la pena hacer esta toma entre diez y quince minutos más temprano.

C. UN AÑO Y MEDIO A TRES AÑOS

Las comidas deberán acomodarse al horario del resto de la familia.

7:00 – 7:30	Despertar; si le vas a dar leche, trata de hacerlo treinta minutos después de que despierte.
8:00 – 8:30	Desayuno.
11:00 – 11:30	Refrigerio de media mañana.
12:30 – 13:00	Siesta 1 (una hora y media a dos horas y media).
14:30 – 15:00	Comida principal.
18:00	Empieza la rutina para dormir.
19:00 – 20:00	Hora de dormir; incluye una breve canción o cuento antes de acostarlo somnoliento pero despierto.

D. CÓMO RESPETAR LAS SIESTAS Y ESTAR EN LAS COMIDAS FAMILIARES

Cuando tu hijo toma una o dos siestas, procura que duerma antes de la hora de la comida. Si los fines de semana acostumbras hacer la comida principal en casa de los abuelos o salen a comer, procura llegar después de que tu hijo despierte de su siesta (14:30 – 15:00); de esta manera llegará bien descansado a la reunión. Si tu hijo sólo hace una siesta, puedes adelantarla de quince a treinta minutos antes de su hora acostumbrada: así llegarás a tiempo a la reunión familiar.

Supongamos que tu hijo normalmente toma la siesta a las 13:00 y duerme dos horas, y que la comida principal es a las 15:00. En este caso, podrás adelantar su siesta a las 12:30 para llegar a tiempo a la comida. Otra opción es llegar a la reunión familiar antes de que empiece y estar ahí a las 13:00; esto es posible si la comida es en casa de algún familiar o amigo cercano en donde haya una cuna o moisés donde tu hijo pueda tomar la siesta.

2. Cómo incluir exitosamente la ayuda adicional disponible (cuidadoras nocturnas, empleada doméstica y/o nanas) en el entrenamiento de sueño

A. CUIDADORAS NOCTURNAS

Dónde duermen

Lo ideal es que evites que la persona que cuidará de noche a tu hijo comparta la habitación con él una vez iniciado el proceso del Método, a menos de que tu plan sea que tu hijo se acostumbre a dormir siempre acompañado. Procura que la cuidadora duerma en un espacio distinto al de la habitación de tu hijo. Repasa las reglas del Método con esta empleada para que intervenga y responda al niño de acuerdo con *tus* instrucciones.

Cómo deben intervenir

Los intereses no siempre se alinean con los nuestros cuando tenemos ayuda adicional en casa. Considera esto al momento de involucrar ayuda en el proceso de entrenamiento del sueño o al llevar a cabo el Método. Recuerda que la consistencia es la clave, y que el reforzamiento intermitente sólo produce desgaste y da pie a que el proceso sea más difícil tanto para tu hijo como para ti. Sin consistencia el entrenamiento será más largo y habrá muchas más lágrimas. Si estás segura de que la persona encargada de cuidar a tu hijo durante la noche es consistente, sigue tus instrucciones y los lineamientos del Método, entonces puede ser de gran ayuda tener a alguien que te apoye durante las noches para que descanses y estés fresca en la mañana.

Considera dividir los turnos de la noche; por ejemplo, la cuidadora puede responder cada vez que tu hijo despierte después de la medianoche, o lo que mejor funcione para ti y tu familia. Es muy importante que quien implemente el Método sea alguien cercano a tu hijo: lo que buscas es transmitirle seguridad, tranquilidad y amor durante el proceso.

Alinear intereses

Si la cuidadora dejará de trabajar contigo una vez que tu hijo empiece a dormir toda la noche, es aconsejable recomendarla con una familia cuyo recién nacido todavía no esté listo para el entrenamiento para dormir. Si no quieres deshacerte de esta ayuda adicional, considera emplearla durante el día o cuando planees salir por la noche.

B. EMPLEADAS DOMÉSTICAS O NANAS

La ayuda de una empleada doméstica de planta o una nana puede ser de gran utilidad. El entrenamiento de sueño puede resultar muy cansado para todas las partes involucradas. Tener la posibilidad de salir una noche con tu pareja puede ser justo lo que necesitas. No recomendamos, sin embargo, que lo hagas en las primeras noches del entrenamiento: es mejor esperar a que tu hijo ya duerma casi toda la noche y exista un patrón.

Cuando tu hijo esté listo y decidas que tu empleada doméstica o nana puede cuidar de él mientras sales en la noche, asegúrate de explicarle con detalle lo que debe hacer en caso de que despierte. Siempre hazle saber a tu hijo que estarás fuera de casa, que te irás sólo hasta que se duerma y déjale claro quién estará a cargo. Esto aplica especialmente para niños que ya duermen en su cama. No le avises poco antes de la hora de dormir: trata de darle la noticia en la mañana o en la tarde y no hagas mucho alboroto al respecto. Asegúrate de decirle que regresarás más tarde, cuando esté dormido, y que lo verás en la mañana. Te recomiendo que estés en casa a la hora de acostarlo y que hagas toda su rutina para dormir.

Entrenamiento para siestas

El entrenamiento para siestas es la parte más difícil del Método Sleep Lady®. Es válido querer un descanso. Considera pedirle ayuda a tu empleada doméstica o nana. Asegúrate de que conozca y entienda los lineamientos del Método para que pueda ser consistente durante el proceso. Recuerda que esta persona debe ser muy cercana a tu hijo, alguien con quien se sienta seguro. Podrías, por ejemplo, asignarle una siesta a esta persona y atender la otra tú misma: lo que mejor les funcione a ti y a tu hijo. Nuestra recomendación es que los primeros días pases la mayor parte del tiempo en tu casa y, de ser posible, que tú implementes el Método. Estos primeros días suelen ser los más complicados.

Hora de dormir

Puedes pedirle ayuda a tu empleada doméstica o nana para la hora de dormir. Este es un momento del día en el que los niños mayores —en especial— ponen los límites a prueba, así que la decisión de hacerlo dependerá de la dinámica familiar y de qué tan involucradas están las personas que te ayudan en casa y en las rutinas diarias. Durante la rutina para ir a dormir (baño, cena, cuento, apagar la luz), puedes pedirle a la empleada doméstica o nana que te ayude con el baño, pijama y/o cena. El cuento y el momento de apagar la luz suele ser el tiempo en que mimas a tu hijo y repasas el día, así que es lindo que lo hagas tú. Sin embargo, si normalmente eres tú quien hace toda la rutina antes de dormir y por alguna razón tienes que dejarlo antes, procura adelantar la mayor parte del proceso; por ejemplo, baña a tu hijo y ponle el pijama antes de irte. Los niños mayores hacen su mejor esfuerzo por retrasar la hora de dormir, por lo que es usual que prueben tus límites y paciencia. Lo mejor es que tu hijo esté tan listo para acostarse como sea posible a fin de que la nana o empleada doméstica sólo tenga que leerle un cuento.

3. Adaptar horarios de siesta en la guardería

A. SIESTA DE LA MAÑANA

La mayoría de las guarderías respetan las señales de sueño de los niños hasta que empiezan a gatear o caminar. En cuanto adquiera esa movilidad, tu hijo pasará a otro grupo con un horario que incluya actividades como música, arte o cualquier otra clase. A menudo, en este punto es muy complicado notar las señales de sueño de un niño;

como resultado, las siestas suelen programarse en un horario fijo para todos los niños, normalmente entre las 11:00 y las 12:00 para la siesta de la mañana y entre las 16:00 y las 17:00 para la de la tarde.

B. SI LA SIESTA DE MEDIA MAÑANA ES MUY CORTA

Si la siesta de media mañana de tu hijo es de sólo una hora, posiblemente tendrá una carencia de sueño durante el día y llegará a la hora de dormir demasiado cansado. Si tu trabajo te permite recoger a tu hijo para la hora de la comida (14:00 – 15:00), es probable que necesites una segunda siesta corta en la tarde (cuarenta y cinco minutos) alrededor de las 16:00. Esto es especialmente cierto si tu hijo está en el rango de doce a diecisiete meses de edad. Esta siesta no debe ocurrir muy tarde ni ser muy larga; de lo contrario, la hora de dormir se verá afectada. Si es imposible dormirlo temprano en la tarde, considera adelantar la hora de acostarse para que no esté agotado a la hora de dormir.

C. CUÁNDO INTRODUCIR UNA SIESTA ADICIONAL EN LA TARDE Y CÓMO

Llegará el día en que tu hijo no tome la siesta corta en la tarde de forma recurrente (alrededor de las 16:00) y la siesta de media mañana será insuficiente porque es muy temprano o muy corta para él. Cuando esto ocurra, adelanta la hora de dormir (hacia las 19:00 – 19:30); conforme crezca empezarás a notar que puedes retrasar gradualmente la hora de dormir.

D. SIESTA A MEDIA MAÑANA Y SIESTA DE LA TARDE EN LA GUARDERÍA

Si tu horario de trabajo no te permite recoger a tu hijo para la hora de la comida y vas por él alrededor de las 18:00 o las 19:00, entonces tu hijo hará la siesta en la mañana y en la tarde de acuerdo al horario del lugar. En este escenario, es aconsejable retrasar un poco la hora de dormir entre las 20:00 y las 20:30, especialmente con niños mayores de un año y medio. Asegúrate de respetar sus ventanas de sueño.

4. Tránsito y distancias largas: cómo usarlas en tu beneficio

A. TRÁNSITO Y SIESTAS

Aunque el sueño estático siempre es más reparador, en las grandes ciudades —donde el traslado de un lugar a otro puede tomar hasta cuarenta minutos debido al tráfico pesado y las distancias largas— se tienen que hacer ajustes.

Si tu ruta diaria de casa a la guardería o de la guardería o escuela de tu hijo a la casa coincide con la hora de la siesta, puedes permitirle que duerma en el coche, siempre y cuando la siesta sea suficientemente larga (consulta el horario recomendado por edad). ¡Una siesta en coche es mejor que ninguna siesta!

Si llegas a tu destino antes de que tu hijo haya terminado su siesta, quédate estacionada hasta que despierte. Por ejemplo, digamos que tienes dos hijos que van a diferentes escuelas y tienes que recoger a ambos en el mismo viaje. Si debes recoger al menor a las 12:45 y al mayor a las 13:15, puede ser difícil mantener al primero despierto en el viaje. Déjalo dormir la siesta en el coche; en cuanto llegues puedes estacionarte y esperar a que el chiquito despierte o puedes cargarlo hasta su cuna para que extienda su siesta. Esto no necesariamente funciona para todos los niños: algunos son fáciles de reubicar sin despertarlos, otros no. Prueba y toma nota de qué funciona mejor con tu hijo. Si la transición entre el coche y la cuna no funciona, considera quedarte en el coche hasta que termine la siesta. Algunos niños logran hacer esta transición a la cuna después de estar entre diez y veinte minutos dormidos en el automóvil; su sueño es normalmente más profundo y esto facilita el proceso.

B. DISTANCIAS LARGAS Y SIESTAS

Si los fines de semana sales de viaje, procura hacer el trayecto durante las horas de siesta o la hora de dormir. Si no es posible, evita las siestas cortas no reparadoras en el coche para que la hora de dormir no se vea comprometida.

Supongamos que los viernes sales de la ciudad y que es un viaje de dos horas. Sal a la hora de la siesta, de acuerdo con los horarios recomendados para la edad de tu hijo. Si tu horario de trabajo o el de la escuela de tu hijo no te lo permiten, entonces sal al terminar la rutina de la hora de dormir (baño, cena, cuento) y permite que se duerma en el trayecto. En cuanto llegues a tu destino cambia en silencio a tu hijo a su cuna o cama.

Si prefieres llegar a tu destino para hacer la rutina para dormir, asegúrate de que tu hijo haya hecho bien su(s) siesta(s) para evitar una siesta insuficiente en el coche. De esta manera tu hijo estará somnoliento a su hora habitual de dormir y seguirás respetando su horario. Prepara el viaje con entretenimiento, canciones y libros para el coche.

Emmalee, 3.5 años de edad

CAPÍTULO 12

Diarios de sueño, gráfico de modales y certificado de finalización

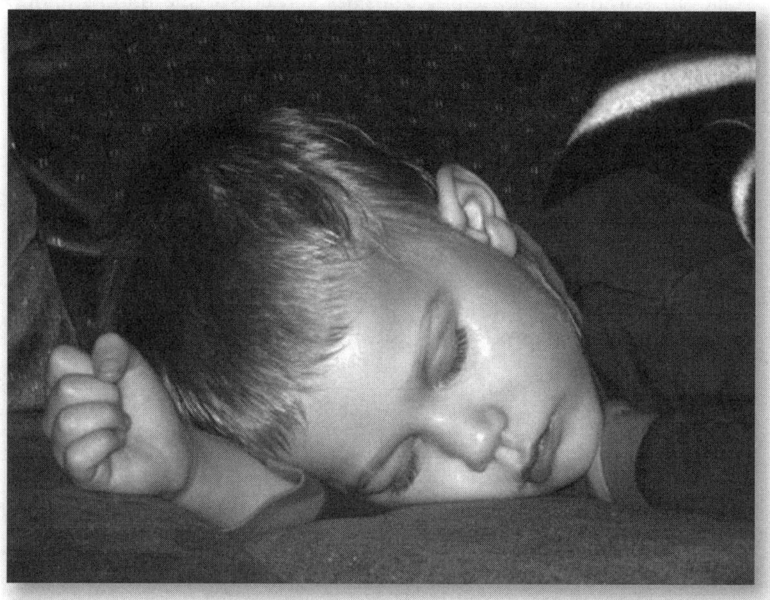

Kaden, 3.5 años de edad

Diario de sueño

ACTIVIDAD (comida, siesta, ir a la cama)	QUÉ PASÓ	DESPIERTO / INICIO	SE DURMIÓ A LAS: TIEMPO TOTAL
Hora de ir a la cama	Amamantó bien; lloraba intermitentemente; lo levanté una vez	19:00	19.30
Se despertó	Amamantó bien; lloraba intermitentemente; lo levanté una vez	3:00	3:40
Se despertó	Lloriqueó	5:40	Despertar dramático a las 6:00

Diario de sueño

ACTIVIDAD (comida, siesta, ir a la cama)	QUÉ PASÓ	DESPIERTO / INICIO	SE DURMIÓ A LAS: TIEMPO TOTAL

Modales de sueño de Emilio

	Lunes	Martes	Miércoles	Jueves	Viernes	Sábado	Domingo
Coopera con la rutina de la hora de dormir.							
Se acuesta en la cama en silencio.							
Se duerme sin que papá o mamá se acuesten con él.							
Se vuelve a dormir solo durante la noche.							
Se queda en su cama en silencio hasta que suena la música para despertar.							

Modales de sueño de ________________

	Lunes	Martes	Miércoles	Jueves	Viernes	Sábado	Domingo

Buenas noches, que duermas bien

Certificado de logros que se presenta a

____

por

¡Una excelente noche de descanso!

The Sleep Lady®
Kim West, LCSW-C

CAPÍTULO 13

Recursos

Libros

CUIDADO GENERAL DEL BEBÉ

Academia Estadounidense de Pediatría. *Caring for Your Baby and Young Child: Birth to Age 5*, 4ª ed. Bantam Books, 2005.

Schmitt, Barton D. *Your Child's Health: The Parent's One-Stop Reference Guide to Symptoms, Emergencies, Common Illnesses, Behavior Problems, and Healthy Development*, 2ª ed. Bantam Books, 2005.

HORA DE DORMIR

Bauer, Marion Dane. *Sleep, Little One, Sleep*. Simon and Schuster, 2002.

Bentley, Dawn. *Good Night, Sweet Butterflies*. Simon and Schuster, 2003.

Boynton, Sandra. *Snoozers: 7 Short Short Bedtime Stories for Lively Little Kids*. Little Simon, 1997.

Brown, Margaret Wise. *A Child's Good Night Book*. HarperCollins, 2000.

---. *Goodnight Moon*. HarperFestival, 1991.

Dillard, Sarah (ilustradora). *Ten Wishing Stars: A Countdown to Bedtime Book*. Intervisual Press, 2003.

Good Night, Baby!, Soft-to-Touch Books, DK Publishing, 1995.

Fox, Mem. *Time for Bed*. Red Wagon Books, 1997.

Hague, Kathleen. *Good Night, Fairies*. Seastar Books, 2002.

Inkpen, Mick. *It's Bedtime, Wibbly Pig*. Viking, 2004.

Lewis, Kim. *Good Night, Harry*. Candlewick Press, 2004.

McBratney, Sam. *Guess How Much I Love You*. Candlewick Press, 1996.

McCue, Lisa. *Snuggle Bunnies*. Reader's Digest, 2003.

McMullen, Nigel. *It's Too Soon!* Simon and Schuster, 2004.

Meyer, Mercer. *Just Go to Bed*. Golden Books, 2001.

Munsch, Robert. *Love You Forever*. Firefly Books, 1986.

Paul, Ann Whitford. *Little Monkey Says Good Night*. Farrar, Straus and Giroux, 2003.

Penn, Audrey. *The Kissing Hand*. Child and Family Press, 2006.

Rathmann, Peggy. *Good Night, Gorilla*. G. P. Putnam's Sons, 2000.

---. *10 Minutes Till Bedtime*. G. P. Putnam's Sons, 2001.

Steinbrenner, Jessica. *My Sleepy Room*. Handprint Books, 2004.

Trapani, Iza. *Twinkle, Twinkle, Little Star*. Charlesbridge Publishing, 1998.

LACTANCIA MATERNA

Academia Estadounidense de Pediatría, Joan Younger Meek y Sherill Tippins. *The American Academy of Pediatrics New Mother's Guide to Breastfeeding*. Bantam, 2005.

Gromada, Karen Kerkhoff. *Mothering Multiples: Breastfeeding and Caring for Twins or More!* 3ª ed. La Leche League International Book, 2007.

Huggins, Kathleen. *The Nursing Mother's Companion*, ed. rev. Harvard Common Press, 2005.

La Leche League International. *Womanly Art of Breastfeeding*, 7ª ed. LLLI, 2004.

Mohrbacher, Nancy y Kathleen Kendall-Tackett. *Breastfeeding Made Simple: Seven Natural Laws for Nursing Mothers*. New Harbinger Publications, 2005.

Newman, Jack y Teresa Pitman. *The Ultimate Breastfeeding Book of Answers: The Most Comprehensive Problem-Solving Guide to Breastfeeding from the Foremost Expert in North America*, ed. rev. Three Rivers Press, 2006.

Pryor, Gale y Kathleen Huggins. *Nursing Mother, Working Mother*, ed. rev. Harvard Common Press, 2007.

West, Diana y Lisa Marasco. *The Breastfeeding Mother's Guide to Making More Milk*, prólogo de Martha Sears, RN. McGraw-Hill, 2008.

NUEVO HERMANO

Ballard, Robin. *I Used to Be the Baby*. Greenwillow, 2002.

Bourgeois, Paulette y Brenda Clark. *Franklin's Baby Sister*. Scholastic, 2000.

Brown, Marc. *Arthur's Baby*. Little Brown, 1990.

Henkes, Kevin. *Julius, the Baby of the World*. HarperTrophy, 1995.

London, Jonathan. *Froggy's Baby Sister*. Viking, 2003.

Meyer, Mercer. *The New Baby*. Golden Books, 2001.

MÚSICA PARA RELAJARSE Y LA RUTINA PARA IR A DORMIR

Ackerman, William. *The Opening of Doors*. Windham Hill Records, 1992.

Baby's First Lullabies. Twin Sisters, 2005.

Disney Baby Lullaby: Favorite Sleepytime Songs for Baby and You. Walt Disney Records, 1992.

Falkner, Jason. *Bedtime with the Beatles: Instrumental Versions of Classic Beatles Songs*. Sony Wonder, 2001.

Golden Slumbers: A Father's Lullaby. Rendezvous, 2002.

Malia, Tina. *Lullaby Favorites: Music for Little People*. Music for Little People, 1997.

Music for Babies—Sleepy Baby. Big Kids Productions, 2002.

Parents: The Lullaby Album. Angel Records, 1993.

Solnik, Tanja. *From Generation to Generation: A Legacy of Lullabies in Yiddish, Ladino, and Hebrew*. Dreamsong Recordings, 1993.

---. *Lullabies and Love Songs*. Dreamsong Recordings, 1996.

Stroman, Paige. *Lullabies to Celebrate Mother and Child*. National Music Marketing/Lullabyland, 2001.

West, Kim, John Judge y Jim Conley. *The Sweetest Dreams*. Sleep Lady Solutions LLC, 2008.

PÁGINAS WEB

Academia Estadounidense de Pediatría
www.aap.org
Sitio oficial con información y consejos sobre varios temas de pediatría. Contiene recursos, libros y videos. Página en inglés.

Comisión de Seguridad del Consumidor de los Estados Unidos
www.cpsc.gov
Lista de productos retirados del mercado y requisitos de seguridad de varios productos, como cunas. Página en inglés. Contiene una breve sección en español.

First Candle Organization
www.firstcandle.org
Número gratuito en EUA: 1-800-221-7437
Organización dedicada a embarazos seguros y la supervivencia de los bebés durante el primer año de vida.

Fundación Nacional del Sueño de los Estados Unidos
www.sleepfoundation.org
Esta organización sin fines de lucro trata distintos problemas del sueño en niños y adultos. Su sitio web incluye nuevos lineamientos del sueño para menores, establecidos por el grupo. Página en inglés.

INFORMACIÓN SOBRE DEPRESIÓN POSTPARTO

Educación Médica sobre la Depresión Postparto
www.mededppd.org
Un sitio web educativo desarrollado con el apoyo del Instituto Nacional de Salud Mental. Información y recursos actualizados para cuidadores y mujeres con depresión postparto. Página en inglés.

Apoyo Internacional para la Depresión Postparto
www.postpartum.net/en-espanol
Línea de ayuda (EUA): 1-800-944-4PPD (4773)
Proporciona información actualizada y recursos educativos. Cuenta con coordinadores voluntarios en toda la Unión Americana, así como veintiséis países que ofrecen grupos de apoyo local.